인물과 역사와 오늘

인물과 논술이 만나다!
1단계 인물이야기
2단계 그때사람은
3단계 요즘사람은

살아있는 인물 열어가는 역사

조선시대 양헌수에서
일제강점기 안창호까지

지은이 모난돌역사논술모임
만화 그린이 박한별

모난돌

살아있는 인물 열어가는 역사
조선시대 양헌수에서 일제강점기 안창호까지 ⑤

2014년 3월 10일 초판 발행
2019년 12월 15일 개정 1판 발행

지은이 모난돌역사논술모임
만화 그린이 박한별
펴낸이 김경성
펴낸곳 모난돌
주소 경기도 가평군 청평면 은행나무길 8.
전화 02)508-7550
등록 2009년 10월 27일
등록번호 제 2009-000287호
홈페이지 다음카페 '모난돌학교'

이 책을 만든 사람
책임 편집 김하늘
표지 · 본문 디자인 박한별
가격 12,000원
인쇄 프린트세일

ISBN 979-11-86767-14-6

Copyright ⓒ2010 by monandol Company All rights reserved
First edition printed 2010, printed in korea

이 도서의 국립중앙도서관 출판예정도서목록(CIP)은 서지정보유통지원시스템 홈페이지(http://seoji.nl.go.kr)와 국가자료공동목록시스템(http://www.nl.go.kr/kolisnet)에서 이용하실 수 있습니다. (CIP제어번호 : CIP2017010605)

이 책 어느 부분도 발행인과 모난돌출판사에서 제공한 승인 문서 없이 일부 또는 전부를 사진, 복사기 및 현재 알려지거나 향후 발명될 어떤 전기적, 기계적 또는 다른 수단을 통해서라도 복사, 재생해 이용 할 수 없음

머리말

실수를 거울삼아

"만약에 선조임금 때 동인과 서인이 다투지 않고 정치를 했다면 우리 역사는 어떻게 달라졌을까요?"

"만약에 정조 임금이 더 오래 살았다면 우리 역사는 어떻게 달라졌을까요?"

"만약에 대원군이 쇄국정책을 쓰지 않고 개화를 선택했다면 우리 역사는 어떻게 달라졌을까요?"

어린이와 역사 수업을 하다 보면 '만약에'라는 질문을 많이 합니다. 저 역시도 오랫동안 역사 공부를 하면서 만약에, 만약에 그랬다면 하고 생각했던 때가 한두 번이 아니었습니다. 하지만 역사에서 '만약에'는 없습니다.

나는 어떻게 지금 내가 되었을까요? 태어나서 잘 먹고 잘 놀고 자란 과거가 있었기에 지금 내 모습이 있는 것이겠죠? 그리고 어떻게 펼쳐질지 모르지만 지금 내 모습을 보면 미래 모습도 상상할 수가 있습니다. 어른이 되고나서 생각해보면 지나간 나는 되돌아보기 싫을 때가 너무 많습니다. 실수투성이 내 과거가 싫어 다시 예전으로 돌아간다면 하고 생각할 때가 많습니다. 하지만 그 역시 돌아갈 수 없음을 잘 압니다.

우리 역사에는 멋지고 빛나고 자랑스러운 것도 많지만, 실수투성이, 상처투성이도 많습니다.

우리가 역사를 배우는 것은 과거를 돌아보고 배울 것은 배우고, 뼈아픈 실수는 다시 하지 말자는 교훈을 얻기 위해서입니다. 우리가 우리 역사를 잘 알수록 과거를 거울삼아 지금과 앞으로 살아가는 삶에는 실수를 하지 않고 상처를 입지 않을 것입니다. 밝은 미래만 펼쳐질 것입니다.

살아있는 인물 열어가는 논술 5권에는 근대화가 되던 시대에 힘겹게 살아낸 우리 조상들 20명이 나옵니다. 그들을 통해 우리가 배워야 할 것은 무엇일까요? 지금부터 역사 속으로 함께 여행을 떠나봅시다.

조지순

목차

81 양헌수 09
- 인물 이야기　프랑스군을 물리친 양헌수
- 그때 사람은　병인양요와 신미양요
- 요즘 사람은　초지진에 다녀왔어요

82 이제마 15
- 인물 이야기　체질에 맞는 치료법을 찾은 이제마
- 그때 사람은　체질에 따라 병을 고치는 사상 의학
- 요즘 사람은　한방과 양방으로 병을 치료해요

83 전봉준 21
- 인물 이야기　녹두장군 전봉준
- 그때 사람은　안으로는 탐관오리, 밖으로는 외국산 물건
- 요즘 사람은　지금은 우리 물건이 더 좋아요

84 흥선대원군 27
- 인물 이야기　조선을 개혁한 흥선대원군
- 그때 사람은　조선시대 양반은 어떻게 살았을까
- 요즘 사람은　운현궁에는 누가 살았을까요?

85 명성황후 33
- 인물 이야기　빛나는 외교가 명성황후
- 그때 사람은　아귀처럼 조선으로 달려든 오랑캐
- 요즘 사람은　외국 사람 손에 넘어간 우리 씨앗

살아있는 인물 열어가는 역사

86 박영효, 김옥균 39

인물 이야기 개화파를 이끈 박영효와 김옥균
그때 사람은 처음으로 문을 연 서양식 시설
요즘 사람은 더욱 가까워진 태극기

87 최익현 45

인물 이야기 목을 자를 지언정 내 머리털은 자를 수 없다 최익현
그때 사람은 위정척사! 외세에 맞선 사람
요즘 사람은 소중한 것을 지키기 위해 삭발을 해요

88 고종황제 51

인물 이야기 스스로 근대화를 이루려고 했던 고종황제
그때 사람은 대한제국 시대에 달라진 생활
요즘 사람은 덕수궁 정관헌을 가다

89 유길준 57

인물 이야기 조선이 근대화 되기를 꿈꾼 유길준
그때 사람은 유길준은 왜 《서유견문》을 썼을까요?
요즘 사람은 자유롭게 외국여행을 가요

90 안중근 63

인물 이야기 일제에 맞선 민족혼 안중근
그때 사람은 나라를 되찾기 위한 의병운동과 애국계몽운동
요즘 사람은 안중근을 기려요

목차

91 주시경 69
- 인물 이야기 한글을 쓰기 편하게 만든 주시경
- 그때 사람은 한글을 지켜라, 조선어학회
- 요즘 사람은 고운 한글 이름을 지어요

92 유관순 75
- 인물 이야기 대한 독립 만세를 부른 유관순
- 그때 사람은 3·1만세운동이 시작되다
- 요즘 사람은 독립공원이 된 서대문형무소

93 한용운 81
- 인물 이야기 서릿발 같은 기상, 뜨거운 조국애 한용운
- 그때 사람은 독립운동에 앞장 선 민족 종교
- 요즘 사람은 만해를 기려요

94 김좌진 87
- 인물 이야기 청산리 전투에서 승리한 김좌진
- 그때 사람은 어려움을 당한 독립군과 학살당한 한국 사람
- 요즘 사람은 노래로 힘을 내요

95 방정환 93
- 인물 이야기 어린이를 사랑한 방정환
- 그때 사람은 〈어린이〉 잡지는 어떻게 나오게 되었나요?
- 요즘 사람은 어린이날에 기부선물을 해요

살아있는 인물 열어가는 역사

96 이회영 99

- 인물 이야기 모든 재산을 독립운동에 바친 이회영과 형제들
- 그때 사람은 독립군 양성소, 신흥무관학교
- 요즘 사람은 서울에서 독립운동 흔적 찾기

97 이봉창 105

- 인물 이야기 독립을 위해 폭탄을 던진 이봉창
- 그때 사람은 일본 식민지 아래에서 차별받던 사람
- 요즘 사람은 아직도 차별받는 재일한국인

98 윤봉길 111

- 인물 이야기 조국독립을 위해 불꽃이 된 윤봉길
- 그때 사람은 조선과 중국이 하나 되어 일본에 맞서다
- 요즘 사람은 의사와 열사는 어떻게 다른가요?

99 신채호 117

- 인물 이야기 역사로 민족을 깨운 신채호
- 그때 사람은 일본이 만든 거짓역사를 제대로 밝혀내다
- 요즘 사람은 국적을 되찾았어요

100 안창호 123

- 인물 이야기 민족을 이끈 스승 안창호
- 그때 사람은 교육으로 나라를 구하자!
- 요즘 사람은 도산 안창호 이름, 미국에서도 빛냈다

일러두기

책으로 공부하는 법

이 책은 역사 속에 나오는 인물을 통해서 역사와 논술을 배우도록 만들었습니다. 이 책을 꾸준히 읽으면 옛날 사람이 사는 모습을 통해 그 시대도 알 수 있게 될 것입니다.

1단계 소리 내서 읽기

책 읽기는 내용을 알 수 있다는 목적 말고도 좋은 보기글을 보는 기회가 되기도 합니다. 책을 꼼꼼하게 소리 내서 읽으면 내용도 자연스럽게 마음에 남게 되고, 글을 쓸 때 자기도 모르게 좋은 문장이 만들어진답니다.

소리내서 또박또박 읽어보세요. 역사에도 밝아지고 쓰는 힘도 커질 것입니다.

2단계 내용 되새김하기

어떤 책이라도 읽고 나면 감동이나 기쁨, 또는 분노나 슬픔처럼 마음에 느낌이 남습니다. 그 느낌을 잘 다듬으면 살아가는 마음가짐도 잘 다듬어집니다.

이 책도 읽을 때마다 자기 느낌을 되새겨 보고 정리해 보세요. '나였으면 이때 어떻게 했을까?' 라던가, '이렇게 한 것은 참 잘한 것 같아.'라는 식으로 읽은 내용을 되새겨보세요.

단계마다 주어지는 문제도 생각해서 쓰면 됩니다.

3단계 쓰기로 마무리하기

'구슬이 서 말이라도 꿰어야 보배'라는 말이 있습니다. 옛날에 살았던 인물과 그때 사람이 어떻게 살았는지도 알았고, 요즘 사람이 어떻게 살고 있는지도 알았다면 글쓰기로 마무리를 지어 보세요.

별도로 구성된 공부책인 '따라공부'에서는 단원마다 글자와 문장이 어떻게 구성되는지 표현이나 느낌을 어떻게 글로 쓰는지 배우고, '일년공부'에서는 책 내용을 알고 생각을 펼쳐 볼 수 있습니다.

공부하다가 궁금한 것이 있으면 다음카페 '모난돌학교'에 질문을 남겨주세요.
모난돌 선생님이 친절하게 답해 줄 것입니다.

81

프랑스군을 물리친

양헌수

(1816년~1888년, 조선시대 장군)

🔊 역사 연대기

1866년 병인박해가 일어남
　　　　제너럴셔먼호 사건이 일어남
　　　　병인양요가 일어남
1871년 신미양요가 일어남

🔊 학습목표

1. 양헌수에 대해서 알 수 있다.
2. 병인양요와 신미양요에 대해서 알 수 있다.
3. 강화도에 역사기행을 갈 수 있다.

인물 이야기

프랑스군을 물리친 양헌수

학문을 익혀서 훌륭한 사람이 되려고 대학자인 이항로 밑에서 공부를 하던 양헌수는 늙은 부모님을 편히 모시기 위해 무과시험을 보았습니다. 문과시험은 해마다 보는 것이 아니어서 몇 년을 더 기다려야 했기 때문입니다. 어려서부터 말을 잘 다루고 활을 잘 쏘았던 양헌수는 당당하게 무과시험에도 합격했습니다.

처음에 임금을 지키고 명령을 전달하는 선전관이 되었다가 회산 군수를 비롯한 여러 벼슬을 거쳐 제주 목사가 되었습니다. 그때 제주 사람은 전에 있던 관리가 휘두르는 폭정에 시달리고 있었습니다. 양헌수는,

"백성을 돌보지 않고 괴롭히기만 하는 관리라면 도적과 무엇이 다르겠는가?"

라며 탐관오리를 엄하게 벌주었습니다.

조선군이 쓰던 대포인 홍이포-인천 강화

그해 가을, 제주도에 태풍이 밀려와 배와 집이 부서지고 곡식이 쓸려 갔습니다. 양헌수는 군사와 관리를 이끌고 온 힘을 다해, 부서진 집과 배를 고쳐주었습니다. 또 조정에 상소를 올려서 식량을 보내 달라고 간청했습니다. 그 덕분에 백성은 굶주림을 면하고 편히 살 수 있게 되었습니다. 이렇게 양헌수는 늘 백성을 위해 열심히 일했습니다. 임금은 그런 양헌수를 원래 임기보다 한 해 더 제주 목사로 일하도록 해 주었습니다.

서울로 돌아와 벼슬을 지내고 있는데 병인양요가 일어났습니다. 프랑스가 박해로 죽은 신부 원수를 갚는다며 조선으로 쳐들어 온 것입니다.

조선군은 용감하게 싸웠지만, 신식 총을 들고 성능이 뛰어난 대포를 앞세운 프랑스군을 당해 낼 수 없었습니다. 결국 강화도가 점령당하고 말았습니다.

나라에서는 프랑스군을 물리치고 강화도를 되찾기 위해 양헌수에게 선봉장을 맡겨 싸우도록 했습니다.

프랑스군은 신식 총으로 싸우는데, 우리 군대는 좋은 총이 없으니 제대로 싸울 수가 없다고 여긴 양헌수는 포수를 모았습니다. 나라를 구하기 위해 4백 명

가까운 포수가 전국에서 모여 들었습니다.

포수와 군사를 이끌고 양헌수는,

"말에 오르면 집을 잊어버리고, 성을 나서면 내 몸을 잊어야 하노라."

라며 말에 올랐습니다. 이 말은 장수가 전쟁에 나가면 가족보다 나라를 더 중요하게 생각해야하고, 싸움에 나서면 자기 몸을 돌보지 않고 죽기를 다해 싸워야 한다는 뜻입니다.

양헌수기념비-인천 강화

양헌수는 강화도로 건너가기 위해 고려시대에 몽골군이 쳐들어 왔을 때 고려 임금이 건넌 곳인 손돌목으로 갔습니다. 그때 임금을 건너게 해 준 손돌이 묻혀 있는 묘를 찾아가,

"손돌님, 이 한 목숨 바쳐서 나라를 구할 수만 있다면 죽어도 한이 없겠습니다. 우리 군사가 무사히 강화로 건너가 적을 물리칠 수 있도록 굽어 살펴주십시오."

라고 빌었습니다. 그리고는 밤이 되기를 기다려 바다를 건넜습니다. 덕진진을 거쳐서 정족산성으로 들어갔습니다.

프랑스군 160여 명이 정족산성으로 쳐들어 왔습니다. 양헌수는 포수를 숲속에 숨겨놓았습니다. 아무도 없다고 생각한 프랑스군이 안심하고 성을 향해 다가 왔습니다. 가까이 다가오자 포수들이 일제히 총을 쏘았습니다. 포수는 꿩이나 산짐승을 잡던 사람이었기 때문에 사격 솜씨가 뛰어났습니다. 프랑스군도 잘 훈련되기는 했지만, 포수를 당해낼 수는 없었습니다. 수십 명이 넘는 프랑스군이 죽거나 다쳤습니다. 결국 프랑스군은 강화도에서 물러갔습니다.

이 전쟁으로 조선은 아무리 뛰어난 무기를 가진 서양 나라라도 충분히 물리칠 수 있다는 자신감을 갖게 되었습니다.

탐구하기

1. 양헌수가 프랑스군을 물리치기 위해서 불러 모은 사람은 누구인가요?

병인양요와 신미양요

  병인박해를 피해 도망친 프랑스 신부가 중국에 있던 프랑스 군대에게 복수를 해 달라고 청했습니다. 20여 년 전에도 조선으로 쳐들어갔다가 실패한 적이 있던 프랑스는 좋은 기회가 왔다고 생각했습니다. 종교를 탄압했다는 핑계로 조선으로 쳐들어가서는 자기나라에 유리하도록 조약을 맺어서 식민지로 만들 작정이었습니다.

  먼저 프랑스는 한강이 얼마나 깊은지 알아보기 위해 군함 세 척을 보내서 한강을 따라 서울 가까운 곳까지 올라왔다가 돌아갔습니다. 조선 조정에서는 황해도와 한강 가에 포대를 더 튼튼하게 만들고 군인을 모아서 서양이 침략해 오는 것에 대한 대비를 든든하게 했습니다.

  1866년 9월, 프랑스 신부를 죽인 것에 대한 복수를 하겠다면서 프랑스군이 강화도로 쳐들어왔습니다. 로즈 제독이 이끄는 1천여 명이 배 일곱 척에 나누어 타고 강화해협으로 들어왔습니다. 대포를 쏘면서 상륙한 프랑스군은 순식간에 초지진을 차지했습니다.

  그 다음날 강화를 점령한 프랑스군은 둘레 바다에 배가 다니지 못하도록 가로 막아버렸습니다. 그러면 조선이 프랑스에게 항복할 것이라고 믿었습니다. 강화는 한강으로 들어가는 들머리였으므로 강화를 막으면 한강이 막히고, 한강이 막히면 사람이나 물건을 실은 배가 서울을 드나들 수 없기 때문입니다.

  로즈는 조선이 프랑스 선교사 아홉 명을 죽였으니 자기도 조선 사람을 죽이겠다고 으름장을 놓으며 얼른 관리를 강화로 보내라고 했습니다. 조선이 잘못을 빌고 프랑스와 조약을 맺자고 했습니다. 그 조약을 맺으면 조선은 프랑스가 요구하는 대로 다 들어주어야 합니다.

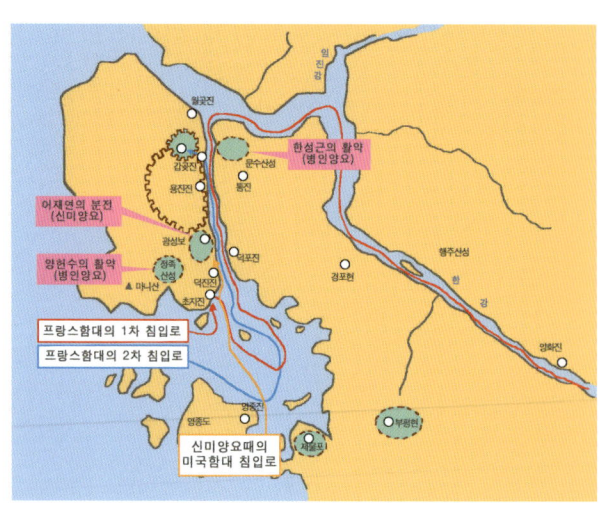

  조선 조정은 이에 굴복하지 않고 군대를 보내 강화를 되찾으려고 했습니다. 그러나 김포에 있는 문수산성 전투에서 조선군은 성능 좋은 무기로 맞서는 프랑스군에게 패하고 말았습니다. 아무리 용감하게 싸운다고 해도 뛰어난 무기 앞에서는 어쩔 수가 없었습니다.

  조선군은 무기가 우수한 프랑스군을 이기기 위해서는 우수한 무기를 가지고 기습공격을 하는 수밖에 없다는 것을 깨달았습니다.

  그래서 전국에 있는 포수를 불러 모았습니다.

살아있는 인물 열어가는 역사

몰래 강화 바다를 건너 정족산성으로 들어간 양헌수와 조선군은 숲속에 숨어서 프랑스군을 기다렸습니다. 프랑스군을 기습 공격해 전사 6명, 부상 70명이라는 큰 승리를 거두었습니다.

이 전투에서 진 프랑스군은 조선으로부터 항복을 받아내기는 어렵다는 것을 깨닫고 한 달 만에 강화에서 물러갔습니다. 이 때 외규장각에 있던 많은 책과 전쟁이 나면 쓰려고 준비해 둔 무기를 비롯해 금은 같은 귀중품을 훔쳐 갔습니다.

외규장각-인천 강화

또 병인양요가 일어난 해 7월에는 미국 장삿배인 제너럴셔먼호가 대동강을 거슬러 올라 평양까지 들어가서는 행패를 부리다가 불에 타는 사건이 일어났습니다. 미국은 군함을 보내서 손해를 배상하고 조약을 맺자고 했습니다. 그러나 조선은 들은 척도 하지 않았습니다. 미국도 프랑스처럼 조선으로 쳐들어가기로 결심했습니다.

1871년, 중국 상하이에 있던 미군을 실은 배가 강화도 손돌목을 지나자 바닷가에 자리 잡고 있던 조선군 진지에서 포를 쏘아 물리쳤습니다. 그러자 며칠 뒤에 미군 해병대 5백여 명이 강화도로 쳐들어와 초지진에 상륙했습니다. 이어서 덕진진을 점령하고, 광성보를 공격했습니다. 광성보에서 어재연 장군을 비롯한 조선군이 끝까지 맞서 싸웠으나, 패하고 말았습니다. 수십 명이 죽고 다쳤습니다. 나머지는 바다에 뛰어들거나 칼로 목을 찔러 자결했습니다. 중상을 입은 사람이 아니고는 항복하지 않았습니다.

조선 조정에서도 끝까지 굴복하지 않고 미국이 요구하는 것을 들어주지 않았습니다. 두려움을 느낀 미국은 무력으로 조선을 굴복시킬 수 없다는 것을 깨닫고 돌아가고 말았습니다. 두 번이나 서양 오랑캐를 물리친 조선은 서양문물을 받아들이지 않아도 강한 나라가 될 수 있다는 자신감을 갖게 되었고, 쇄국정책을 더욱 든든하게 밀고 나갔습니다.

탐구하기

1. 두 번이나 서양오랑캐를 물리친 조선이 더욱 든든히 한 정책은 무엇인가요?

 요즘 사람은

초지진에 다녀왔어요.

▶ 병인양요와 신미양요 때 전쟁을 벌였던 강화도는 다시 잘 단장해서 관광지로 만들었습니다. 강화도에 대해서 알아봅시다.

새벽 네 시 반인데 엄마가 잠을 깨웠다. 강화에 역사 기행을 가기로 한 날이기 때문이다.

대구에서 강화까지는 너무 멀기 때문에 다섯 시에 시청 앞에서 출발해도 열 시가 넘어야 도착한다고 했다. 너무 졸려서 눈이 떠지지 않았다.

엄마, 아빠랑 택시를 타고 시청 앞에 도착하니까 5분 밖에 안 늦었는데 우리가 꼴찌였다.

초지진-인천 강화

버스가 출발하자마자 잠을 자고 눈을 떠보니 서울 옆으로 지나간다고 했다.

김포에서 안내해줄 선생님이 버스에 탔다. 키가 무지 크고 빼빼 말랐다. 별명이 전봇대라고 했다.

문수산성, 강화역사관, 광성보, 초지진을 둘러보았다. 문수산성은 병인양요 때 프랑스군과 싸운 곳이라고 설명해주셨다. 프랑스가 우리나라까지 쳐들어 왔다는 것이 신기했다. 초지진은 병인양요 때 프랑스군과 신미양요 때 미국군이 쳐들어 온 곳이라고 했다. 미국도 우리나라에 쳐들어왔다고 하니 더 신기했다.

소나무와 성벽에 포탄 맞은 자국이 있었다. 광성보는 신미양요 때 미국군과 끝까지 싸운 곳이라고 했다. 우리나라 군인이 미국군에게 포로가 되지 않으려고 자살을 했다는 말을 들으니 슬픈 기분이 들었다. 강화역사관에는 미국에 빼앗겼다가 다시 찾아온 대장 깃발이 있었다. 신미양요 때 광성보에서 미국군이 빼앗아 갔던 깃발이라고 했다.

돌아오면서 아빠한테 전쟁인데 무슨 전쟁이라고 하지 않고 왜 병인양요와 신미양요라고 하냐고 물어보았다.

"병인양요는 병인년에 서양 놈들이 일으킨 요란스러운 일이고, 신미양요는 신미년에 서양 놈들이 일으킨 요란스러운 일이라는 뜻이야."

라고 설명해주었다. 역사도 알고 보면 어렵지 않다는 것을 알았다.

 생각하기

1. 왜 광성보에서 조선군은 미군에게 포로가 되지 않으려고 했을까요?

82

체질에 맞는 치료법을 찾은
이제마
(1837년~1900년, 조선시대 의원)

🔊 **역사 연대기**

1875년 흥선대원군이 서원을 없앰
1882년 임오군란이 일어남

🔊 **학습목표**

1. 이제마에 대해 알 수 있다.
2. 이제마가 만든 사상의학에 대해 알 수 있다.
3. 양방과 한방이 함께 진료하는 것에 대해 알 수 있다.

인물 이야기

체질에 맞는 치료법을 찾은 이제마

함흥에 사는 이충원은 어느 날 기이한 꿈을 꾸었습니다. 제주도에서 온 사람이 눈망울이 초롱초롱하고 영리해 보이는 말을 끌고 와서는 명마를 알아보는 사람이 이 댁 어른 밖에 없으니 잘 키우라며 기둥에 매놓고 가버렸습니다. 이충원은 너무도 생생한 그 꿈이 이상해 뜰에 서 있는데 갑자기 밖에서 소란스런 소리가 들리더니 어떤 여자가 갓난아이를 안고 들어왔습니다.

"어르신 이 아기를 거두어 주십시오. 아기는 어르신 손자이옵니다."

아기를 이충원에게 안겨 주며 아들인 이반오가 아이 아버지라고 했습니다. 이충원은 깜짝 놀랐지만, 꿈을 떠올리고는 아기를 받아 안았습니다. 아기에게 큰물을 건너 온 제주도 말이라는 뜻으로 '제마'라는 이름을 지어 주었습니다.

이 아기가 바로 사상의학으로 병을 치료한 이제마입니다.

이제마는 쾌활하고 씩씩한 아이였습니다. 일곱 살 때부터 문장가로 이름 높은 큰아버지에게 글을 배웠습니다. 워낙 총명하고, 집중력이 좋았던 이제마는 한 번 익힌 것은 잊어버리지 않고 줄줄 외웠습니다.

하지만 이제마는 글공부보다 무술 익히는 것을 더 좋아했습니다. 조선에서 으뜸가는 장군이 되고 싶어 말타기, 활쏘기, 검술 등을 익혀 무예 실력도 뛰어났습니다. 그래서 큰아버지가 지어 준 '동무'라는 호를 아주 좋아했습니다. 동무는 동쪽나라(조선) 큰 무인이라는 뜻입니다. 할아버지 이충원은 글공부와 무예가 모두 뛰어난 이제마를 아꼈지만, 다른 식구는 서자라며 무시했습니다.

열세 살이 된 이제마는 향시에서 당당히 장원급제했습니다. 그러나 아무리 재주가 뛰어나도 서자 출신은 관직에 오를 수 없었습니다. 또 함흥은 옛날부터 차별을 받아온 곳이라 함흥 사람은 양반이라도 관직에 오르지 못한다는 것도 알게 되었습니다. 하지만 이제마는 넓은 세상으로 나가 문물을 익히면 큰 뜻을 펼칠 기회가 올 것이라 생각하고 집을 떠났습니다.

이제마는 유명한 선생이나 책이 많이 있는 곳이면 먼 길을 마다 않고 찾아가서 배웠습니다. 전국을 다니던 이제마는 불쌍하게 사는 백성도 많이 보았습니다. 60년을 이어온 세도정치는 백성을 굶주리게 하고, 외국에서 들어온 배들로 나라는 어수선했

습니다. 돌림병으로 고통 받는 백성을 보며 마음이 답답했습니다.

이제마에게는 오랫동안 앓던 병이 있었습니다. 음식을 삼키기가 어렵고, 먹어도 금방 토해버렸습니다. 다리에 힘이 없고 몸이 차갑고 시리며 마비되기도 했습니다. 이 병을 치료하기 위해 유명한 의원을 찾아가 보았지만 별 효과가 없었습니다. 그래서 혼자 병을 치료하기로 마음먹고 ≪동의보감≫ ≪내경≫같은 의학책으로 공부를 했습니다. 스승도 없이 혼자 공부하는 것이 무척 어려웠지만, 산과 들에 있는 약초를 구해서 연구하며 의술을 익혔습니다.

그런 이제마를 아낀 무위 도통사 김기정은 임금에게 청해서 벼슬을 할 수 있게 해주었습니다. 서른아홉 살에 처음 벼슬길에 오른 이제마는 쉰 살에 진해 현감이 되었습니다. 이제마는 어려운 백성을 보살피며 틈틈이 익혀온 의술로 백성을 치료해 주었습니다. 서양문물과 함께 콜레라 같은 돌림병이 들어와 백성을 죽음으로 몰아넣었습니다. 이제마는 환자마다 체질에 따라 처방을 내리고 약을 주었습니다. 이제마가 준 약은 효과가 뛰어났습니다.

"우리 원님은 진짜 훌륭하셔. 그리고 대단한 의원이야. 하늘이 내리신 의원이라고."

백성은 모두 이제마를 칭송했습니다.

백성을 편하게 하려면 정치를 잘 하는 것 뿐만 아니라 돌림병에 시달리는 백성을 구하는 것도 아주 중요하다고 생각한 이제마는 진해 현감을 그만두었습니다. 의술을 더 익히기 위해 고향인 함흥으로 돌아가 '보원국'이라는 약국을 열었습니다. 약값을 거의 받지 않고 사람을 치료해주었습니다. 멀리 서울에서도 아픈 사람이 찾아올 정도였습니다.

이제마는 사람 체질에 따라 치료법을 달리하는 '사상의학'이라는 새로운 치료법을 남겼습니다. 이제마는 '내 의술이 백 년 뒤 세상에 떨치리라.'고 예언했습니다. 이제마가 죽은 뒤 여러 제자가 스승이 남긴 가르침을 모아 ≪동의수세보원≫이라는 책을 만들었습니다.

1. 이제마가 만든 새로운 치료법이 담긴 책은 무엇인가요?

체질에 따라 병을 고치는 사상 의학

이제마는 어릴 때부터 음식을 삼키기 힘들고 입안에 침과 거품이 고이는 열격증과 음식을 먹어도 소화를 못 시키는 반위증을 앓았습니다. 늘 자신을 괴롭히는 병을 고치려고 전국을 다니며 이름난 의원들을 찾아가 치료를 받았습니다. 치료를 받으면 잠깐 좋아지는 것 같아도 완전히 낫지는 않았습니다. 그래서 이제마는 스스로 의학책을 읽고, 책에 나오는 대로 약을 써 보았지만 별 차도가 없었습니다.

'증상에 따라 약이 결정 된다면 내 병은 오래전에 나아야 한다. 그러나 의사들이 내린 처방은 내 병을 다스리지 못했어. 그 까닭이 무엇일까?'

이제마는 머릿속에 늘 이런 의문이 맴돌았습니다. 어느 날 《황제내경》을 읽던 이제마는 사람 체형을 다섯 가지로 분류한 대목을 읽고 생각에 잠겼습니다. 그 책에는 사람을 다섯 가지로 나누고 체형과 성격에 대한 특징이 설명되어 있었습니다. 또 각 체형에서 나타나는 장단점도 밝혀 두었습니다. 이제마는 이것을 계절에 따라 나누어 보았습니다. 그러자 봄과 여름에 강한 체형은 가을과 겨울에 약하고, 가을과 겨울에 강한 체형은 봄과 여름에 약하다는 것을 알게 되었습니다.

'사람 체형을 다섯 가지로 나눈다면 그 체형에 따라 처방도 달라져야 한다. 사람마다 성격이 다르고 체형이 다르다면, 같은 병이라도 체형에 따라 약을 달리 써야 해.'

이제마는 약을 사람 체질에 따라 써야 하며, 같은 약도 사람 체질에 따라 효과가 다르다는 것도 깨달았습니다.

많은 사람은 복숭아를 맛있게 먹지만, 두드러기가 나서 먹지 못 하는 사람이 있습니다. 이렇게 음식도 체질에 맞지 않으면 먹을 수 없듯이 약도 체질에 맞게 써야 병을 고칠 수 있습니다.

이 생각은 어떤 의학서에도 없는 아주 독창적인 것이었습니다. 이제마는 증상만 보고 쓴 약이 체질에 맞지 않을 때는 오히려 독이 될 수도 있다는 것을 알았습니다. 의원은 약을 처방할 때 환자체질과 성품, 생활습관을 먼저 알고, 그에 맞는 약을 처방해야 병을 고칠 수 있습니다. 또 환자도 약에만 의지하지 말고 마음을 먼저 다스려 편안한 마음을 가지면 병을 빨리 치료할 수 있습니다. 이제마는 체질에 맞는 치료법을 찾기 위해 계속 공부를 했습니다. 사람 성격과 체질이 병과 서로 어떤 영향을 미치는지를 알아 내려고 환자를 관찰하며 계속 연구했습니다.

살아있는 인물 열어가는 역사

　사람 체질에 따라 몸 속 장기는 약하거나 튼튼하고 서로 작용해 조화를 잃을 때 병이 생기게 된다는 것을 알게 되었습니다. 그래서 '사상의학'이라는 새로운 한의학 치료법을 만들었습니다. 유학자였던 이제마는 주역을 이용해 사람을 태양인, 태음인, 소양인, 소음인, 이렇게 네 가지 체질로 나누고 그에 따른 특징과 성격을 살펴, 병을 치료하고 예방하려 했습니다.

　태양인은 폐가 강하고 간이 약합니다. 가슴 윗부분이 발달하고 다리는 약하며 몸은 마른 편입니다. 마음먹은 일을 꼭 하려고 하며 머리가 영리하고 남다른 생각을 잘 합니다. 그러나 화를 잘 내고 계획을 짜서 일을 잘하지 못합니다. 찬 음식이나 야채와 해물류를 많이 먹는 것이 좋습니다.

　태음인은 간 기능이 좋고 폐는 약합니다. 근육과 골격이 발달했고, 대체로 키가 큰 편입니다. 땀도 많이 흘립니다. 속마음을 잘 드러내 보이지 않으며, 계획한 일은 쉽게 포기하지 않는 편입니다. 땅콩이나 호두, 쇠고기, 우유가 몸에 잘 맞는 음식입니다.

　소양인은 위장은 튼튼하고 콩팥이 약한 편입니다. 다리가 가늘며 발걸음이 가볍습니다. 성격이 명랑하고 시원하며 의협심이 강합니다. 싫증을 잘 내서 무슨 일이든 빨리 끝내려 하기 때문에 실수가 잦습니다. 열이 많은 체질이므로 인삼, 마늘 같은 음식을 적게 먹는 것이 좋습니다.

　소음인은 위장 기능은 약하고 콩팥과 방광 쪽이 발달했습니다. 다리가 길며, 살과 근육이 적은 편입니다. 미각이 발달해 미식가나 요리 솜씨가 뛰어난 사람이 많습니다. 성격은 침착하고 수줍음이 많습니다. 대신 한번 화가 나면 오랫동안 풀리지 않습니다. 과일이나 생선류, 파, 마늘 같은 자극적인 음식이 좋습니다.

　이제마 제자들은 '사상의학'을 자세히 설명하기 위해 ≪동의수세보원≫이라는 책을 만들었습니다. 이 책에서는 병을 치료할 때 가장 중요한 것은 마음을 다스리는 것이라고 했습니다. 몸과 마음을 편안하게 하고 올바른 성품을 가지며, 자기 몸에 맞는 음식을 먹으면 건강하고 병을 예방할 수 있다고도 했습니다. 좋아하는 음식만 먹지 말고, 또 싫어하는 것을 억지로 먹지도 말고 체질에 맞는 음식을 골고루 먹으라고 했습니다.

1. 이제마는 사람 체질을 어떻게 나누었나요?

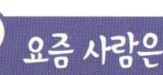  

요즘 사람은

한방과 양방으로 병을 치료해요.

▶ 옛날에 병을 잘 치료하기 위해 사상의학을 썼던 것처럼 요즘에는 서양에서 들어온 의학과 전통의학이 같이 어우러져 병을 치료하는 것에 대해서 알아봅시다.

학교에서 돌아온 경호는 빵, 아이스크림, 과자, 우유 등 집에 있는 간식을 마구 먹어 댔습니다.
"경호야 또 무슨 일이 있었니?"
"체육 시간에 달리기를 하는데 아이들이 꼬마 돼지 굴러간다고 놀리잖아요."
경호는 볼멘소리로 대답했습니다. 그리고는 잔뜩 찌푸린 표정으로 다시 먹기 시작했습니다.

경호는 언짢은 일이 있을 때면 먹는 것으로 마음을 풀었습니다. 그래서 키는 작지만 몸집이 또래 친구보다 두 배나 더 큽니다. 엄마는 이런 경호가 늘 걱정입니다. 어린이 비만은 고혈압, 당뇨병 같은 성인병을 일으키기도 하고, 키도 잘 자라지 않게 하며, 뚱뚱한 모습 때문에 놀림을 당해 마음에 병이 생길 수도 있기 때문입니다.

엄마는 경호와 함께 양, 한방협진병원을 찾아 갔습니다. 서양의학과 한의학이 서로 협력해 병을 치료해 주는 곳입니다. 병원에 온 경호는 먼저 체질검사를 해서 몸 상태를 알아보았습니다. 여러 가지 의료기구로 경호 몸을 자세히 검사 했습니다. 보통 병원에서 보는 기계였습니다. 검사를 마치자 한의사 선생님과 양의사 선생님이 서로 상의해 경호에게 맞는 치료법을 찾아주었습니다.

경호는 배에 많은 체지방을 줄이기 위해 침을 맞고, 식욕을 조절하는 한약을 먹기로 했습니다. 선생님은 약이나 침과 더불어 꾸준한 운동과 올바른 식습관이 중요하다며 운동하는 법을 가르쳐 주고, 매일 먹는 음식 양과 종류를 쓴 식단표를 짜 주었습니다.

이렇게 동양과 서양의학에서 장점을 모아 환자를 치료하면 치료 기간도 짧아져 효과가 더 좋다고 합니다. 경호는 곧 '뚱보 안녕.'할 생각을 하니 몸이 가벼워진 듯 했습니다.

1. 한의학과 서양의학이 서로 협력해 치료하면 좋은 점은 무엇일까요?

83

녹두장군
전봉준
(1855년~1895년, 농민 운동지도자)

체포된 전봉준(가운데)

🔊 역사 연대기
1860년 최제우가 동학을 만듦
1894년 동학농민운동이 일어남
1895년 서울 무악재에서 농민군 지도자가 처형 당함

🔊 학습목표
1. 동학 정신을 알 수 있다.
2. 동학농민운동이 일어난 까닭을 알 수 있다.
3. 외국산 물건이 들어오면서 일어난 변화에 대해 알 수 있다.
4. 우리가 만들어 수출하는 것 가운데 우수한 것이 있음을 알 수 있다.

녹두장군 전봉준

고부는 전라도 지방에서 전주 다음으로 큰 고을이었는데, 쌀이 많이 나는 곳이었습니다. 그래서 많은 관리가 재물을 모으려고 고부군수 자리를 탐냈습니다.

그때 나라는 너무나 어려웠습니다. 백성이 애써 농사지은 쌀은 나라에서 온갖 이름으로 걷어들이는 세금과 욕심 많은 관리가 매기는 세금으로 다 빼앗겼습니다. 게다가 다른 나라에서 만든 새로운 물건이 조선으로 들어오면서 조선에서 만든 물건은 팔리지 않아 백성은 더욱 고통을 받았습니다.

어려운 세상을 구하고 다른 나라 세력이 밀려들어오는 것을 막기 위해 최제우가 유교, 불교, 선교 등 우리나라에 전해오던 여러 가지 신앙을 합쳐 '동학'을 만들었습니다. 동학은 신분에 관계없이 모든 사람은 평등하다는 '인내천'사상을 중심으로 만들어진 우리나라 종교입니다. 평등사상을 주장하는 동학은 고통 받던 백성에게 희망이 되었고 많은 백성이 동학을 믿게 되었습니다.

"동학은 사람이 곧 하늘이라고 하며 신분과 상관없이 귀하게 여기니 고통 받는 백성을 구할 수 있을 것이다."

전봉준도 잘못된 세상을 바꾸는 데 힘이 된다고 믿어 동학을 따르게 되었습니다.

그러던 어느 날 조병갑이 고부군수로 왔습니다. 조병갑은 재산을 모으기 위해 온갖 방법으로 백성으로부터 쌀이나 돈을 거둘어들였습니다. 전봉준 아버지인 전창혁이 조병갑을 찾아가 잘못된 정치에 항의하다가 심한 매질을 당하는 바람에 병을 얻어 세상을 떠나고 말았습니다. 억울하게 돌아가신 아버지와 불쌍한 농민 생각에 가슴이 미어지던 전봉준은 두 번에 걸쳐 농민 대표와 함께 조병갑에게 억울하고 배고픈 농민 사정을 이야기 했습니다. 그러나 조병갑은 오히려 농민을 죄인으로 몰아 감옥에 가두거나 쫓아냈습니다.

"아무리 말해도 군수는 우리말을 듣지 않으니 우리 힘으로 군수를 내쫓는 수 밖에 없다."

라며 전봉준은 뜻을 같이 하는 사람을 모으기로 마음 먹

었습니다.

　만석보 남쪽에 있는 '말목장터'에 모인 농민은,

　"났네. 났어, 난리가 났어. 에이, 참 잘 되었지. 그냥 이대로 지나서야 백성이 한 사람도 남아나지 않겠어."

라는 노래를 부르며 대나무를 깎아 만든 '죽창'을 들고 고부관아로 쳐들어갔습니다. 조병갑이 새로 짓게 한 만석보도 허물어버렸습니다. 조병갑은 도망을 쳤고, 농민이 뜻을 이루는 듯했습니다. 그러나 문제를 해결하겠다고 온 이용태는 농민을 마구잡이로 처벌했습니다.

　화가 난 전봉준과 농민은 다시 일어났습니다. 농민이 전주성까지 점령하자 다급해진 조정에서는 청나라에게 도와달라고 했습니다. 일본도 조선을 침략할 기회라 여기고 청나라보다 더 많은 군대를 이끌고 몰려왔습니다. 다른 나라 군대가 들어오면 나라가 위태로울 것이라고 생각한 전봉준은 조정으로부터 잘못된 정치를 개혁하겠다는 약속을 받아내고 농민을 흩어지게 했습니다. '집강소'를 설치해 억울한 농민이 안고 있는 문제를 직접 해결했습니다.

　그런데 조선에 왔던 일본군은 한밤중에 경복궁을 침입하더니 청나라와도 전쟁을 일으켰습니다. 전쟁에서 승리한 일본은 조선 조정을 마음대로 주무르기 시작했습니다. 곳곳에서 일본에 대한 분노가 터져 나왔습니다. 전봉준은 조선을 약탈하려는 일본을 몰아내기 위해 다시 군대를 일으켰습니다. 동학 지도자인 최시형도 뜻을 같이 했고, 손병희도 전봉준과 힘을 합쳤습니다.

　조정에서는 농민이 전국에서 다시 일어나자 일본군을 앞세워 공격했습니다. 공주 우금치에서 농민군은 죽기를 각오하고 싸웠으나, 우수한 신무기와 기관총을 든 일본군과 관군을 당해내지 못했습니다.

　태인에서 마지막 전투를 벌이다가 더 이상 싸울 수 없다는 것을 느낀 전봉준은 다시 때를 기다리기로 하고 농민군에게 각자 집으로 돌아가라며 해산시켰습니다. 전봉준은 부하였던 김경천 집을 찾아갔으나, 김경천이 고해 바치는 바람에 체포되어 일본군에게 사형을 당했습니다.

1. 흩어졌던 동학농민군이 다시 일어난 까닭은 무엇인가요?

안으로는 탐관오리, 밖으로는 외국산 물건

청포
🔍 녹두로 만든 묵

"새야 새야 파랑새야 녹두밭에 앉지 마라.
녹두꽃이 떨어지면 청포 장수 울고 간다."

이 노래는 1894년 동학농민운동이 일어났을 때 부패한 관리와 맞서 싸운 농민이 부른 노래입니다. 여기서 '녹두'는 전봉준을 가르키는 말입니다. 전봉준을 '녹두장군'이라는 별명으로 부른 까닭은 키는 작았으나, 녹두콩처럼 단단하고 강한 사람이었기 때문입니다.

"새 떼처럼 밀려든 청나라, 왜나라 군대야, 괴롭힘에 견디다 못해 일어선 동학농민군을 짓밟지 마라. 우리 희망을 한 몸에 지닌 녹두장군이 그대로 쓰러져 숨지면, 다시 고통과 굴욕 속에서 울며 살아야 하는 것은 우리 억울한 백성이다."
라는 뜻을 담고 있습니다.

동학농민운동이 일어났던 그 시대에 백성은 안팎으로 고통을 받았습니다. 고부군수였던 조병갑이 부린 횡포는 이루 말할 수 없을 정도였습니다. 조병갑은 농민에게 세금을 안 내게 해주겠다며 황무지를 농사지을 땅으로 힘써 일구게 하고는 추수 때 강제로 세금을 걷었고, 부유한 농민을 잡아들여 불효, 불목(不睦 화목하게 지내지 않음) 등 많은 죄를 씌워 돈을 빼앗았습니다. 또 세금을 쌀 대신에 돈으로 거두고는 그 돈으로 질이 나쁜 쌀을 사서 조정에 바치고 남는 돈을 가로챘습니다. 또 태인현감을 지낸 자기 아버지 공덕비를 세운다고 일천 냥을 거두었습니다.

원래 정읍천(동진강) 아래에는 농사를 짓는 데 필요한 물을 담아놓은 저수지인 보가 있었습니다. 이 보를 '광산보', '예동보'라고도 했는데 아무리 가물어도 이 보에서 물을 끌어다 쓰는 배들평에는 풍년 농사를 지을 수 있었습니다. 그런데 조병갑이 정읍천과 태인천이 만나는 자리에 새로 보를 쌓아 만석보라 불렀습니다. 만석보가 너무 높아 비가 오면 강물이 넘쳐 상류에 있는 논이 피해를 입는데도 가을에 물 값으로 세금을 거두었습니다. 조병갑뿐만 아니라 관리도 이 상한 세금을 만들어 거두어 가서 백

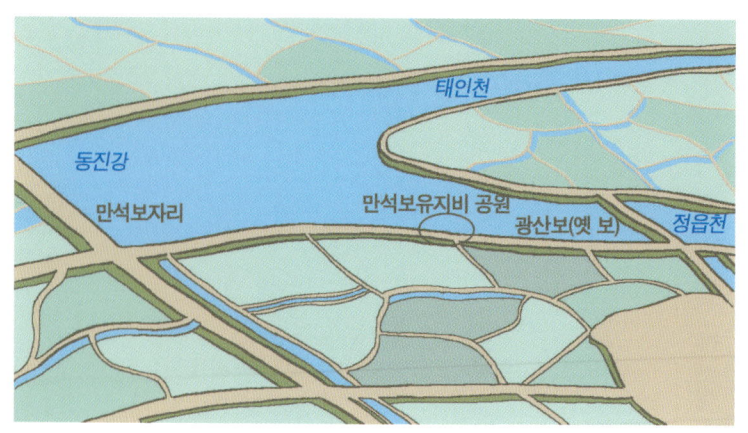

24

성은 먹을 쌀 한 톨도 구하기 힘들었습니다.

또 백성은 밖에서 밀려오는 외국산 물건으로 인해 더 큰 고통을 겪었습니다. 일본을 비롯한 다른 나라에서 만든 물건이 조선으로 물밀듯이 몰려 들어오면서 농민과 기술자가 생산한 것은 형편없는 물건 취급을 받았습니다.

새로운 물건이 들어오자 그동안 사용하던 물건을 밀어내기 시작했습니다. 송진기름으로 등잔불을 밝히던 '관솔불'은 '석유'에 밀려났고, 성냥이 들어오자 부싯돌이 밀려났으며, 그 밖에도 새로운 물건이 많이 들어왔습니다. 모두 신기하고 편리해 쌀이나 콩을 주고 사서 쓰기 시작했습니다. 그러자 수공업으로 물건을 만들던 많은 사람이 점점 망해갔고, 우리나라 곡물이 일본으로 마구 빠져나갔습니다. 쌀이 부족해 쌀값이 엄청나게 오르고 농민조차도 쌀이 없어서 굶주리게 되었습니다.

생활에서도 변화가 일어났습니다. 구리무(크림)라고 부르는 화장품으로 여자는 멋을 부렸고, 두루마기는 상것이 입는 옷이라고 반대하던 양반도 도포 대신에 두루마기를 입었습니다. 넓은 도포 소매에 주머니를 만들어 필요한 물건을 넣곤 했는데 서양 양복조끼처럼 주머니 달린 조끼가 유행하면서 이 조끼 주머니에 물건을 넣고 다녀서 '개와(개화)주머니'라고 불렀습니다. 조선에서 재배된 목화가 헐값에 팔려나가 비싼 옥양목이 되어 되돌아왔습니다. '옥 같은 서양 옷감'이라고 해서 옥양목이라고 불린 영국산 면직물과 일본에서 생산된 옥양목이 조선에 들어와 불티나게 팔렸습니다. 그러는 동안 조선 수공업은 점점 망해갔습니다. 물가는 점점 오르고 백성은 생활이 더욱 쪼들렸습니다.

도포　　　두루마기　　　개화주머니 달린 조끼

1. 동학농민 운동이 일어난 시기에 백성을 힘들게 한 것은 무엇인가요?

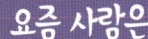 요즘 사람은

지금은 우리 물건이 더 좋아요.

▶ 강화도조약이 맺어지고 외국산 물건이 들어오기 시작한 뒤로 우리나라 사람은 새롭고 편리하게 만든 외국산 물건을 좋아했습니다. 그러나 지금은 우리나라도 기술이 발달해 우리가 만드는 물건이 더욱 좋습니다. 우리나라 물건과 외국산 물건을 비교해 봅시다.

"샤프연필이 또 고장 나서 다시 사야 돼요. 너무 쉽게 고장 나서 짜증나요."
"네가 조심성이 없는 게 아니고?"
"아니에요. 민성이도 자꾸만 고장 난다고 그러고 우리 반 애들 다 그래요."
성준이가 볼멘소리를 했다.
"겉모양만 보고 고르니까 그렇지! 이번에는 엄마가 직접 사 줄 게."
달래고는 성준이와 함께 문구점에 갔다. 샤프연필은 종류도 많고 모양도 여러 가지인데다가 값도 쌌다. 초등학생 서너 명이 몰려오더니 샤프연필을 2개, 3개씩 사 가는데 대부분 중국산이었다. 값이 싸다보니 아무나 많이 샀다. 그러나 너무 쉽게 부러지거나 고장이 잘 났다.
"성준아, 다음부터는 꼭 국산 제품인지 아닌지 확인하고 국산을 사도록 해. 그러면 어떤 제품이라도 안심하고 쓸 수 있단다."
"우리나라에서 만든 제품은 고장이 잘 안나요?"
"그럼. 옛날에는 우리나라가 기술이 부족해서 외국에서 만든 물건이 최고였던 때가 있긴 했지. 하지만 지금은 우리나라 물건이 최고란다. 일본이 가장 잘 만든다는 텔레비전도 이제 우리나라가 일본에 뒤지지 않고, 미국이 가장 앞섰던 휴대폰도 이제 우리나라가 세계 최고가 되어서 영국, 프랑스를 비롯한 유럽에서 최고 인기를 누리고 있지."
"정말요? 진짜 자랑스럽네요. 이제 저도 물건 살 때 국산인지 아닌지 따져봐야겠어요. 그리고 꼭 품질 좋은 국산품을 사용할 거예요."
라고 말하며 성준이는 새로 산 국산 샤프연필을 들고 좋아했다. 국산 제품을 사고 만족해하는 아들을 보며, 엄마는 학창시절이 떠올랐다. 그때는 일본 학용품이 최고라고 생각해 모두 갖고 싶어 했는데 이제는 우리나라가 기술이 발전되어 좋은 제품을 만들고 있다는 것이 자랑스러웠다.

1. 우리나라가 세계에서 인정받을 정도로 잘 만드는 물건에는 무엇이 있을까요?

84

조선을 개혁한

흥선대원군

(1820년~1898년, 조선시대 정치가)

🔊 역사 연대기

1866년 병인양요가 일어남
1871년 신미양요가 일어남
1876년 강화도조약을 맺음
1884년 갑신정변이 일어남

🔊 학습목표

1. 흥선대원군이 한 일을 알 수 있다.
2. 조선시대 양반이 어떻게 살았는지 알 수 있다.
3. 운현궁에 대해서 알 수 있다.

인물 이야기

조선을 개혁한 흥선대원군

흥선군 이하응은 영조 임금 손자인 남연군 아들입니다. 왕족이었지만, 순조 임금 때부터 세력을 잡고 있던 안동 김씨 눈치를 보며 살아야 했습니다. 안동 김씨 왕족이 힘이 세질 것을 두려워해 감시를 했고, 똑똑한 왕족은 역적으로 몰아서 없애기도 했습니다. 이하응은 감시를 피하려고 거지 차림으로 돌아다니고 불량와 어울리기도 했습니다. 잔치나 초상이 나면 술과 음식을 얻어먹고 다니자 사람은 '초상집 개'라며 무시했습니다. 누구나 이하응을 보잘것없는 사람으로 여겼습니다.

하지만 이하응은 철종 임금에게 자식이 없으니 자신에게 기회가 올 것이라 여기고는 다음 왕위를 결정하는 조대비와 친하게 지냈습니다. 철종 임금이 자식을 낳지 못하고 죽자 조대비가 신하에게,

"흥선군 둘째 아들인 명복이를 다음 임금으로 정하겠소."

라고 했습니다. 열두 살이 된 명복이 고종 임금이 되자 이하응은 '대원군'이 되었습니다. 임금 아버지이지만, 왕위에 오르지 않은 사람을 대원군이라고 부릅니다.

흥선대원군은 나이 어린 고종 임금을 대신해서 정치를 했습니다. 먼저 오랫동안 세도를 부린 안동 김씨 세력을 몰아냈습니다. 또 ≪대전회통≫을 만들어 법질서를 바로 잡았습니다. 세금 제도도 새롭게 고쳐 군포를 없애고 호포제를 만들었습니다. 군포는 군대를 유지하기 위해 평민이 삼베나 무명을 식구수대로 내는 것입니다. 흥선대원군은 이 제도를 고쳐 삼베나 무명이 아니라 양반이나 평민 모두 똑같이 한 집에 두 냥씩 내게 했습니다.

서원이 당파싸움을 하는 곳이라며 전국에 퍼져 있는 서원 6백여 개를 47개로 줄이게 했습니다. 서원에서 유교를 공부하는 선비인 유생이 한양으로 올라와 궁궐 앞에서 강하게 반대했습니다. 하지만 흥선대원군은,

"공자가 다시 살아와도 이것은 바꿀 수가 없다."

며 물러서지 않았습니다.

또 신분이 귀하고 천한가를 따지지 않고 능력에 따라 인재를 골라서 썼습니다. 길게 늘어뜨리고 다니던 도포자락도 짧게 자르라고 했습니다. 긴 도포자락에 뇌물을 숨겨가지고 다닐 수 없게 하기 위해서였습니다. 그리고 나라 살림도 어려운데 양반이 거들먹거리면서 물고 다니는 긴 담뱃대도 짧게 하고 큰 갓도 줄이게 했습니다.

흥선대원군은 임진왜란 때 불타 버린 경복궁을 다시 짓게 했습니다. 조선이 처음 건국 되었을 때처럼 왕과 왕실이 위엄 있고 빛나기를 바라는 마음에서였습니다.

이 무렵 서양 배가 우리나라 바다에 나타나서 문을 열라고 위협을 했습니다. 외국 상선이 와서 물건을 사고파는 통상을 요구했으나 거절했고, 외국 함대가 와서 통상을 요구해도 쫓아냈습니다.

흥선대원군은 우리나라에서 천주교를 믿는 세력이 커지자 외국 신부 아홉 명과 천주교 신자를 죽였습니다. 이 일을 핑계 삼아 프랑스 함대가 강화도를 공격해 외규장각에 있는 책과 전쟁에 대비해 준비해둔 무기와 금, 은 등을 훔쳐 달아났습니다. 독일 상인 오페르트가 흥선대원군 아버지 묘를 파헤치는 사건이 일어나자 흥선대원군은 펄쩍 뛰며 다른 나라와 오고가지 못하게 하는 '쇄국정책'을 펼쳤습니다.

흥선대원군은 나라 곳곳에,
'외국과 화해를 주장하면 나라를 파는 것이다.'
라는 척화비를 세워 백성에게도 널리 알렸습니다.

흥선대원군은 고종 임금이 스무 살이 넘어 성인이 되자 정치에서 물러났습니다.

흥선대원군은 정치뿐만 아니라 화가로도 유명합니다. 대원군은 추사 김정희에게서 글씨와 그림을 배운 조선시대 명필이었습니다. 사군자 가운데 난초를 잘 그렸는데 중국에서도 '압록강 동쪽에서 석파를 따를 자가 없다'고 할 정도였습니다. 압록강 동쪽은 우리나라를 말하고, 석파는 흥선대원군 호입니다.

1. 흥선대원군은 다른 나라가 통상을 요구해 왔을 때 어떤 정책을 펼쳤나요?

그때 사람은
조선시대 양반은 어떻게 살았을까?

양반이라는 말은 고려시대부터 사용되었습니다. 유교를 공부해 관리가 된 문반과 군사 일을 하는 무반을 합해 부르는 말이었는데 점차 지배층을 이르는 말이 되었습니다. 조선시대 양반은 과거에 급제해 관리가 되려고 했습니다. 관리가 되면 돈도 많이 벌게 되고 스스로와 가문에도 영광스러운 일이라고 생각했기 때문입니다.

관리가 되면 높은 신분이 되므로 우러러보았습니다. 조선 초기에는 16세 이상에서 60세 이하 남자면 누구나 해야 하는 부역을 하지 않아도 되었고, 잘못을 해서 매를 맞아야 하는 벌을 받게 되면 노비가 대신 맞았습니다. 조선 후기가 되어서는 양반집 후손이라는 것만으로도 부역을 하지 않아도 되었습니다.

양반은 몸을 움직여서 하는 일을 안 해도 되었고, 한문공부를 하며 양반체면을 지켜야 했습니다. 결혼도 양반끼리만 했습니다. 또 유교식 예절을 지키며 살아야 했습니다. 효를 실천하는 데도 소홀해서는 안 되었습니다. 부모 또는 조부모가 돌아가시면 3년 동안 부모나 조부모 무덤 옆에 초막을 짓고 무덤을 지키는 시묘 생활을 했습니다.

양반은 일상생활에서 노비를 데리고 다니며 심부름을 시키거나 짐을 운반하게 하는 등 도움을 받으며 살았습니다.

임진왜란과 병자호란 이후에 돈으로 양반이 되는 사람이 많아졌습니다. 전쟁을 치르면서 국가 재정이 약해져 납속첩, 공명첩이라는 것을 만들어 돈만 있으면 누구나 양반 지위를 살 수 있게 만들었기 때문입니다. 또 양반 가운데 돈이 없어 몰락한 양반은 족보를 팔아 생계를 이어 가기도 했습니다.

조선시대 실학자 박지원은 ≪양반전≫이라는 글을 통해 형식과 체면만 중요하게 생각하는 양반을 비판했습니다.

'양반은 절대로 천한 일을 해서는 안 된다. 새벽 네 시가 되면 일어나 이부자리를 잘 개고, 등불을 밝히고 꿇어앉는다. 앉을 때는 정신을 맑게 해 눈으로 코끝을 가만히 내려다보고, 두 발꿈치는 가지런히 모아 엉덩이를

괴어야 하며, 그 자세로 꼿꼿이 앉아 ≪동네박의≫를 술술술 외워야 한다. 책을 깨알같이 베껴 쓰는데 한 줄에 백 자가 돼야 한다. 배고픈 것을 참고, 추운 것을 견뎌야 하며, 어떤 일이 있어도 가난하다는 말을 해서는 안 된다.

그리고 일 없이 앉아있을 때는 건강을 위해 아래윗니를 마주쳐 딱딱 소리를 낸다. 손바닥을 귀에 대고 손가락을 목 뒤로 돌려 뒤통수를 톡톡 퉁기면서 콧소리를 쿵쿵 내며 입맛을 다시듯이 입 안에 침을 모아 삼켜야 한다. 소맷자락으로 갓을 쓸어서 먼지를 털어 물결무늬가 생겨나게 한다. 세수할 때 주먹을 비비지 말고, 양치질을 해서 입 냄새가 나지 않게 한다. 하인을 부를 때는 소리를 길게 뽑아서 부르며, 걸을 때는 느릿느릿 땅을 질질 끌며 걸어야 한다.

손으로 돈을 만져서는 안 되며, 쌀값이 얼마인지 물어서도 안 된다. 아무리 더워도 버선을 벗어서는 안 된다. 밥을 먹을 때는 맨 상투 바람으로 먹어서는 안 되며, 국부터 먼저 마시지 않으며, 국을 먹을 때는 방정맞게 후루룩거리지 말아야 한다. 아프다고 무당을 불러 굿을 해서 안 되며, 제사를 지낼 때 중을 불러도 안 된다. 춥다고 화롯불을 쬐어도 안 되며 말할 때 침을 튀겨서도 안 된다. 소 잡는 백정을 해서도 안 되며, 돈을 빌려주고 이자를 받는 일을 해서도 안 된다.

이와 같이 양반에게는 엄격하게 지켜야 하는 도리가 있다.

1. 조선시대 양반은 어떤 일을 하며 살았나요?

요즘 사람은

운현궁에는 누가 살았을까요?

▶ 조선시대에 지은 궁궐에는 5대 궁궐인 경복궁, 창덕궁, 경희궁, 경운궁, 창경궁 외에도 운현궁이 있습니다. 운현궁에는 어떤 건물이 있는지 누가 살았는지 알아봅시다.

운현궁은 고종 임금이 왕위에 오르기 전까지 살았던 집입니다. 그러니까 흥선대원군 집입니다. 원래는 궁이 아니라 왕족이 사는 가정집이었지만, 고종 임금이 왕위에 오르자 궁으로 자리가 높아졌습니다. 흥선대원군은 고종 임금이 즉위하자 이곳에서 정치를 했습니다.

경복궁과 창덕궁 사이에 운현궁이 있는데 지금 남아있는 건물로 노락당과 노안당, 이로당이 있습니다. 고종 임금이 창덕궁에서 운현궁 사이를 손쉽게 드나들 수 있도록 경근문이 설치되어 있었고, 흥선대원군 전용문인 공근문까지 대문이 네 개나 되었지만, 지금은 후문 한 개만 남아있습니다.

운현궁에서 가장 중심이 되는 건물은 노락당인데 회갑이나 잔치 같은 큰 행사 때 주로 이용했습니다. 고종 임금은 명성황후와 운현궁에서 가례(왕가에서 치르는 혼례)를 치렀는데 노락당에서 가례준비를 했습니다.

노안당은 흥선대원군이 사랑채로 사용하던 건물이었습니다.

이로당은 노락당과 함께 운현궁에서 안채 기능을 한 건물이었습니다. 남자는 드나들지 못하는 여자 공간이었습니다. 흥선대원군 부인이자 고종 임금 어머니인 부대부인 민씨가 이곳 주인이었습니다.

운현궁-서울 종로

1. 운현궁을 궁궐로 부르는 것이 옳은 것일까요?

85

빛나는 외교가

명성황후

(1851년~1895년, 조선 26대 고종황제 황후)

🔊 역사 연대기

1884년 갑신정변이 일어남
1894년 동학농민운동이 일어남
1895년 을미사변이 일어남

🔊 학습목표

1. 명성황후에 대해서 알 수 있다.
2. 조선말에 우리나라로 들어온 외국세력을 알 수 있다.
3. 우리나라 기업이 외국에 팔리는 경우를 알 수 있다.

강대국에게 고개 숙이지 않은 외교정책

명성황후 민자영은 민치록과 어머니 사이에서 태어났습니다. 외동딸이었기 때문에 부모로부터 더욱 귀여움을 받았지만, 민자영이 여덟 살 되던 해에 아버지가 세상을 떠나고 말았습니다. 그때부터 여러 친척으로 부터 도움을 받으며 자랐습니다. 아무리 친척이 도와준다고 해도 편안하고 풍족한 생활이 될 리가 없었습니다.

집안 살림이 너무도 어려워 언제나 짚신만 신고 다녔는데, 그 짚신마저도 떨어지면 맨발로 다녀야 할 정도로 가난했습니다. 민자영은 어려서부터 공부하기를 좋아했으나, 서당에 다니기는커녕 붓 한 자루 살 형편이 못되었습니다. 그러나 민자영은 수수깡으로 붓을 만들어 글자를 익히며 공부했습니다. 아무리 여자이고, 가난한 집에서 태어났지만, 글을 배워야만 사람답게 살 수 있다는 생각으로 열심히 학문을 익혔습니다.

명성황후 피난 유허비–충북 충주

민자영은 성격이 유순해 평소에는 화를 내는 일이 없었으나, 자신을 괴롭히는 아이는 혼을 내주기도 했습니다. 가난하다고 해서 기죽어서 지내지도 않았습니다. 어느 날에는 좁쌀을 한 바가지 담아 가지고 동네를 누비고 다니면시,

"나중에 이 좁쌀만큼 많은 하인을 거느리고 살 테니 두고 봐."

큰소리를 치기도 했습니다. 동네 사람은 좋은 옷을 입기는커녕 짚신마저도 변변히 신을 형편도 못되는 주제에 좁쌀만큼 많은 하인을 부린다는 민자영 말을 모두 비웃었습니다. 그런데 몇 년 지나지 않아서 민자영은 왕비가 되었습니다.

세도정치에 지친 흥선대원군이 세력이 약한 사람 가운데서 고르고 골라 민자영을 고종 임금 왕비로 삼은 것입니다. 어릴 때 했던 말처럼 좁쌀만큼 많은 하인은 아니지만, 모든 백성이 우러러 보는 자리에 올라간 것이니 말이 아주 틀린 것은 아닙니다.

민자영이 왕비가 되었을 때 조선은 흥선대원군이 고종 임금을 대신해 정치를 하고 있었습니다. 나라는 안정되고 미국과 프랑스

가 쳐들어왔을 때도 거뜬히 물리쳤습니다. 하지만 임금이 직접 나라를 다스려야 한다는 여러 신하가 잇달아 상소를 올려서 고종 임금이 나라를 다스리게 되었습니다.

명성황후는 흥선대원군이 펼친 쇄국정책으로는 나라를 지킬 수는 있어도 발전시킬 수는 없으니 나중에는 힘없는 나라가 될 것이라고 믿었습니다. 조선이 발전하기 위해서는 외국과 활발하게 오고가면서 새로운 문물을 받아들여야 한다고 생각했습니다.

그래서 고종 임금을 도와 나라를 발전시켜 나갔습니다. 일본이 운요호 사건을 일으키자 일본에 맞서지 않고, 새로운 문물을 받아들이기 위해 강화도 조약을 맺도록 했습니다. 미국과도 조약을 맺었고, 다른 나라와도 활발하게 무역을 했습니다. 나라를 잘 지키기 위해서는 우수한 군대가 있어야 한다고 여겨, 별기군이라는 신식군대를 만들었습니다.

명성황후는 조선이 힘없는 나라이므로 강한 나라가 되기 전까지는 외국과 사이좋게 손을 잡고 도움을 받아야 한다고 생각했습니다.

차별대우에 반발한 구식군대가 임오군란을 일으키고, 일본을 등에 업은 김옥균, 박영효 등이 갑신정변을 일으키자 청나라 힘을 빌렸습니다. 그리고 일본이 조선을 힘으로 누르고 간섭하자 일본을 막아내기 위해 러시아 힘을 빌렸습니다.

명성황후가 뛰어난 외교술로 고종 임금을 도우면서 둘레 나라와 좋은 관계를 맺자 조선은 작고 힘이 없었지만, 누구도 함부로 할 수 없는 나라가 되었습니다. 조선을 차지하려는 일본에게 명성황후는 가장 두려운 사람이었습니다.

명성황후를 죽이지 않으면 조선을 차지할 수 없다고 생각한 일본은 군인에게 무사 옷을 입혀 경복궁으로 쳐들어갔습니다. 하지만 조선은 아직 힘센 군대가 없었기 때문에 일본군을 막아내지 못했습니다. 결국 명성황후는 일본이 휘두르는 칼에 목숨을 잃고 말았습니다.

1. 명성황후가 외국과 사이좋게 지내야 한다고 생각한 까닭은 무엇인가요?

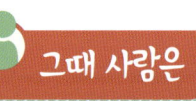

아귀처럼 조선으로 달려든 오랑캐

프랑스와 미국이 쳐들어왔을 때 용감하게 싸워서 물리쳤지만, 서양과 일본은 끊임없이 우리나라로 쳐들어올 기회를 엿보고 있었습니다.

1875년에 일본 운요오호가 프랑스와 미국처럼 강화도 초지진으로 쳐들어왔습니다. 조선 군인이 용감하게 싸웠지만, 성능이 좋은 무기를 앞세운 일본군을 당해 낼 수 없었습니다. 일본군이 쏘는 대포는 신식이어서 날아온 포탄이 땅에 떨어지면 폭발하는 것이었지만, 조선 대포는 터지지 않는 쇳덩어리를 날려 보내는 구식이었습니다.

이 싸움에서 조선은 힘으로 일본을 이길 수 없다는 것을 깨달았습니다. 그동안 쇄국정책을 펼치면서 나라를 굳게 닫아걸었기 때문에 서양에서 기술을 받아들여 나라를 발전시킨 일본에 뒤처지고 말았던 것입니다.

더 이상 나라 문을 닫고만 있다가는 발전할 수 있는 기회를 영원히 놓칠지도 모른다는 생각에 일본과 외교와 무역을 하기로 약속하는 조약을 맺었습니다. 조약을 강화도에서 맺었다고 해서 강화도

강화도 조약을 맺었던 연무당 옛터-인천 강화

조약이라고 합니다. 강화도 조약은 우리나라가 외국과 외교와 무역을 하기 위해 처음으로 맺은 조약입니다. 이 조약으로 우리나라는 원산과 부산, 그리고 인천, 이렇게 세 항구를 열어서 일본 상인이 마음대로 들어와 장사를 할 수 있도록 했습니다.

1882년에는 미국과도 조미수호 통상 조약을 맺었습니다. 이 조약으로 우리나라는 서양 나라와도 무역과 외교를 시작했습니다. 1886년에는 영국과도 통상조약을 맺었습니다.

청나라와만 오고 가던 조선은 이렇게 여러 나라와 조약을 맺으면서 외교와 무역을 펼쳐 나가기 시작했습니다.

문을 닫아걸고 숨어있는 나라가 아니라 세계로 나아가 발전하려는 나라로 변해 갔습니다. 조선

과 조약을 맺은 나라는 산업이 발달했기 때문에 물건을 많이 만들어내서 외국에 팔았습니다. 또 외국에서 물건 만들 원료도 사갔습니다. 무역하는 나라가 많을수록 물건을 많이 팔 수 있고, 원료를 사 갈 수 있는 나라가 많을수록 물건을 많이 만들 수 있었습니다.

그래서 조선이 발달하도록 돕는 데는 관심이 없고, 자기 나라에 이익이 되는 일만 하려고 들었습니다. 자기 나라 물건을 팔려고만 했습니다. 성냥이나 석유를 비롯한 신식물건을 사느라고 조선 사람은 힘들여 농사지은 쌀이나 콩을 주어야 했습니다.

또 조선에 있는 자원을 가져가려고만 했습니다. 더 많은 자원을 차지하려고 서로 싸웠습니다. 청나라와 일본은 조선을 차지하려고 전쟁을 벌였습니다. 이 전쟁에서 승리한 일본은 러시아와 손을 잡으려는 명성황후를 죽였습니다. 이 사건이 바로 을미사변입니다.

두려움을 느낀 고종 임금은 궁궐을 떠나 러시아공사관으로 몸을 피했습니다. 고종 임금은 러시아에게 도움을 받기 위해 러시아가 요구하는 대로 철도를 건설하고, 탄광을 개발하며 나무를 베어갈 수 있는 권리를 주었습니다. 그러자 다른 나라도 떼를 썼습니다. 할 수 없이 프랑스에는 경의선 철도를 놓게 해주고, 미국과 독일에는 금을 캘 수 있도록 해 주었습니다. 조선에 있는 자원을 외국 사람이 마음대로 가져가게 된 것입니다.

고종 임금이 러시아공사관에서 나와 자주독립국가를 선언하면서 대한제국을 세웠지만, 일본은 마음대로 우리 땅에서 러시아를 상대로 전쟁을 벌였습니다. 청일전쟁에 이어 조선 땅에서 또 외국 군인끼리 전쟁을 일으킨 것입니다. 이 전쟁에서 진 러시아는 물러갔고, 일본이 우리나라를 독차지하려고 덤벼들기 시작했습니다.

나라를 발전시키기 위해서 외국과 조약을 맺고 문을 열었지만, 밀려드는 외국 세력에게 휘둘리며 서로 싸우는 자리가 되고 말았습니다. 힘이 없는 나라가 발전하기 위해서는 어쩔 수 없이 겪게 되는 일이었지만, 그 사이에서 피해를 보는 것도 우리나라 사람이었습니다.

 1. 조선에 들어온 나라 자원을 가져가려고 한 까닭은 무엇인가요?

외국 사람 손에 넘어간 우리 씨앗

▶ 을사늑약으로 우리국권이 일본 손에 넘어간 것처럼 아이엠에프가 터지자 우리나라에서 농사에 필요한 많은 씨앗이 외국 사람 손에 넘어가고 말았습니다. 씨앗을 지키는 것에 대해서 알아봅시다.

　1997년에 우리나라가 가지고 있는 달러가 거의 바닥이 나고 말았습니다. 외국에 갚아야 하는 빚을 갚지 못하게 되자, 돈을 빌려주려는 나라도 없어졌습니다. 돈이 부족해지자, 경제 위기가 몰아닥쳤습니다. 결국 우리나라는 아이엠에프(국제통화기금)에서 빚을 얻어 와서 필요한 회사에 빌려주었습니다. 그 빚을 갚기 위해서 우리나라 회사를 외국에 팔아야만 했습니다.

　이때 농사에 필요한 씨앗을 만드는 회사도 외국 사람에게 넘어가고 말았습니다. 우리나라에서 큰 편에 속하는 종묘 회사가 외국에 팔렸습니다. 그 회사가 가지고 있는 씨앗도 외국 사람 차지가 되고 말았습니다. 씨앗 회사가 외국에 넘어가자 우리나라 사람은 농사짓는 씨앗을 외국 사람으로부터 사 쓸 수밖에 없게 되었습니다.

　씨앗은 아무거나 사서 쓸 수 있는 물건이 아닙니다. 우리나라 기후에 맞아야 키울 수 있습니다. 기후에 맞아서 키워도 우리 입맛에 맞지 않으면 먹을 수가 없습니다.

　우리나라 사람이 다시 씨앗을 만들면 된다고 생각하겠지만, 맛 좋고, 병에 강하며, 수확이 많이 나는 씨앗을 만드는 일은 돈도 많이 들고 시간도 많이 걸립니다. 그렇기 때문에 만들고 나서 많은 돈을 벌 수 없다면 시도조차 하지 않습니다. 우리나라 사람은 즐겨먹지만, 서양 사람은 좋아하지 않는 쌀이나 마늘 같은 작물은 외국 회사가 더 좋게 개발하지 않을 것입니다.

　개발을 한다고 해도 비싼 값에 판다면 사서 쓰기가 점점 어려워질 것입니다. 많이 팔리지 않는 씨앗이라며 아예 만들지도 않고, 팔지 않으려고 할지도 모릅니다. 우리나라 사람에게 필요한 씨앗이라도 팔지 않으면 원하는 곡식이나 야채를 심을 수 없습니다. 심을 수 없으면 거둘 수도 없고, 거둘 수 없으면 먹을 수 없게 됩니다.

　나중에는 우리가 먹어야 하고, 먹고 싶은 작물보다 그 외국 회사가 만드는 씨앗으로만 농사를 지어야할지도 모릅니다. 외국 사람이 좋아하는 곡식이나 야채를 키워서 억지로 먹어야 할지도 모릅니다. 음식도 마음대로 먹지 못하게 될지도 모릅니다.

1. 아무 씨앗이나 함부로 심으면 안 되는 까닭은 무엇인가요?

86

개화파를 이끈

박영효와 김옥균

(박영효-1861년~1939년/
김옥균-1851년~1894년, 조선시대 정치가)

🔊 역사 연대기

1876년 일본과 강화도 조약을 맺음
1882년 임오군란이 일어남
1883년 고종 임금이 태극기를 '조선국기'로 공포함
1884년 갑신정변이 일어남

🔊 학습목표

1. 갑신정변에 대해 알 수 있다.
2. 개화파와 수구파에 대해 알 수 있다.
3. 최초로 만든 근대시설에 대해 알 수 있다.

개화파를 이끈 박영효와 김옥균

　일본과 강화도 조약을 맺은 뒤, 조선은 서양문물에 관심이 많아졌습니다. 청나라를 오가며 일찍 개화에 눈을 뜬 김옥균, 박영효, 김홍집 등은 개화당을 만들어 서양 문물을 받아들이는 개화를 앞당기려 했습니다. 고종 임금도 일본, 미국, 청나라에 외교 사절을 보내서 발달된 서양문물과 나라 제도를 살피고 배워 오게 해 조선을 근대화시키려 했습니다.

　고종 임금은 일본 도움을 받아 '별기군'이라는 신식 군대를 만들었습니다. 별기군은 신식소총과 신식군복을 입고 일본 장교가 훈련을 시켰습니다. 봉급도 일반 군인과 달리 5배나 더 주며 특별대우를 했습니다. 하지만 구식 군인에게는 봉급도 제대로 주지 않았습니다. 군인은 불만이 높아졌습니다. 그러자 나라에서 미루고 미루었던 봉급을 나누어 주었습니다.

　"이걸 먹으라고? 열석 달 만에 나온 봉급으로 모래와 왕겨를 섞은 쌀을 준단 말이냐!"

　화가 난 많은 군인이 별기군을 습격하고 봉급을 빼돌린 무위군 대장인 민겸호 집으로 달려가 살림을 부수고 창고에 쌓여 있던 물건을 불태워 버렸습니다. 일본 공사관에 있던 일본인 교관도 죽였습니다. 이 사건을 임오군란이라고 합니다.

　일본은 조선에 군대를 보내 임오군란으로 입은 피해를 보상하고 주동자를 처벌하라고 요구했습니다. 또 일본에 수신사를 보내서 사과하라고 했습니다.

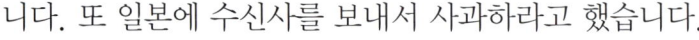

　이 때 수신사로 간 사람이 바로 박영효입니다. 김홍집, 김옥균, 서재필 등도 함께 갔습니다. 박영효는 강화도 조약을 맺을 때 일본이 조선에 국기가 없다며 무시하던 일이 떠올랐습니다.

　"조선이 당당한 독립국임을 알리려면 국기가 필요합니다. 아직 우리는 국기가 없으니 우리 조선을 대표할 국기를 만들어 가지고 가면 좋겠소."

　박영효를 비롯한 개화파 사람은 조선을 상징하는 것으로 흰색 바탕에 가운데 태극무늬를 둘러싼 4괘를 그린 국기를 만들었습니다. 이렇게 만들어진 태극기는 수신사일행이 일본에 있는 동안 조선을 당당히 알렸습니다. 고종 임금은 다음해에 박영효가 만든 국기를 조선을 상징하는 정식 국기로 정했습니다.

태극기는 흰색 바탕에 태극 문양과 네 모서리에 건곤감리 4괘(四卦)로 되어 있습니다. 흰색 바탕은 밝음과 순수, 평화를 사랑하는 마음을 뜻합니다. 가운데 있는 태극 문양은 빨강과 파랑이 조화를 이루고 우주 만물이 음과 양으로 서로 조화를 이루고 발전하는 순리를 상징하고 있습니다.
　건곤감리 4괘는 음과 양이 서로 변화하고 발전하는 모습을 나타내고 있습니다. 그 가운데 건은 하늘을, 곤은 땅을, 감은 물을, 리는 불을 각각 상징합니다.

 일본에 간 수신사는 발전된 일본 모습에 큰 충격을 받았습니다. 하루라도 빨리 서양 문물을 받아들여 조선을 발전시켜야 외국이 침략해오는 것을 막을 수 있다는 생각이 들었습니다. 조선에 돌아온 박영효는 먼저 백성을 일깨우기 위해 신문이 있어야 한다며, 박문국을 설치해 〈한성순보〉를 발간했습니다. 또 근대식 군대도 키우고, 철도도 건설해 산업을 발전시켜야 한다며 고종 임금을 설득했습니다. 고종 임금은 김옥균을 일본으로 보내 나라를 근대화 시킬 돈을 빌려 오도록 했습니다. 일본은 개화를 돕는 척만 하지 쉽게 돈을 빌려 주지 않았습니다.

 명성황후를 따르는 민씨 세력은 개화파를 조정에서 쫓아내려 했습니다. 일이 뜻대로 풀리지 않자 김옥균을 비롯한 개화파는 민씨 세력을 몰아내기 위한 정변을 일으키기로 했습니다. 근대식 우편 일을 하는 우정총국을 처음 여는 축하잔치가 열리는 날을 거사 일로 잡았습니다. 김옥균은 일본공사에게 도움을 청하고, 고종 임금을 찾아가 말했습니다.

 "서양 여러 나라는 자꾸 우리 조선을 넘보는데, 청나라 힘을 빌린 간신이 나라를 어지럽히고 있습니다. 나라를 바로 잡을 수 있도록 해 주십시오."

 우정총국 축하잔치에는 민영익을 비롯한 조정 대신과 서양 여러 나라에서 온 외교관이 모였습니다. 그 때,

 "불이야."

라는 외침을 시작으로 김옥균, 박영효 등이 창덕궁으로 달려가 고종 임금을 경우궁으로 옮기고, 민씨 세력을 죽였습니다. 또 김옥균은 궁궐에 있는 무기고를 열었습니다. 무기고에는 신식 총이 있었지만, 녹이 잔뜩 슬어 있었습니다. 급히 무기를 닦아 쓰려고 했지만, 오랫동안 버려둔 총이라 쉽게 쓸 수 없었습니다.

 다음 날 청나라와 친했던 명성황후는 급히 사람을 보내 청나라 군대를 불렀습니다. 궁으로 밀려오는 청나라 군사를 보자 개화파를 돕던 일본군은 도망가 버렸습니다. 개화파들도 신식 총을 앞세운 청군을 막을 수 없었습니다. 준비가 부족했던 개화파는 결국 삼일 만에 권력을 잃고 죽거나 외국으로 도망치는 신세가 되었습니다.

1. 고종 임금을 비롯한 개화파는 왜 서양문물을 받아들이려 했나요?

처음으로 문을 연 서양식 시설

조선은 일본과 강화도 조약을 맺고 난 뒤 나라 문을 열고 발달된 서양 문물을 배우려고 했습니다. 서양에서 온 선교사나 외교관을 통해 조금씩 서양 문물과 제도를 받아들이며 나라를 근대화시켜나갔습니다.

〈신문을 읽어 세계를 알자, 한성순보〉

우리나라 사람이 처음으로 발행한 근대 신문은 〈한성순보〉입니다. 수신사가 되어 일본으로 갔던 박영효는 신문을 만드는 것을 보고, 돌아오는 길에 일본인 인쇄공과 기자를 데리고 왔습니다. 그리고 고종 임금에게 신문 발행을 건의해 박문국을 설치하고, 신문 발행을 위한 준비를 시작했습니다.

인쇄기와 신문 용지를 들여와 박문국에서 인쇄한 한성순보는 1883년 9월 20일에 창간호가 나왔습니다. 18쪽으로 된 잡지책 같은 모습이었습니다. 열흘에 한 번씩 나온 이 신문에는 나라 안 소식과 더불어 외국

한성순보

신문에 실린 기사를 번역해 세계 여러 나라에서 일어나는 사건이나 전쟁 소식도 알려 주었습니다.

하지만 〈한성순보〉는 사람에게 크게 인기가 없었습니다. 한자로만 되어 있어서 읽기가 불편했습니다. 낯선 나라 소식들이 많고, 값도 비쌌습니다. 재미있게 읽을거리도 부족했습니다. 갑신정변때 박문국이 불타 버린 다음부터 〈한성순보〉는 더 이상 나오지 않게 되었습니다.

〈우체국을 열어라, 우정총국〉

조선은 소식을 전하기 위해 역을 만들어 사람이 직접 말을 타고 달려가는 파발이나, 불을 피워 급한 일을 알리는 봉수제도가 있었습니다. 미국을 다녀 온 홍영식은 시간이 많이 걸리고 정확하게 전달되지 않는 파발이나 봉수제도 대신 근대적 통신제도를 들여오자고 고종 임금에게 말했습니다. 그래서 근대식 우체국인 '우정사'를 설치했습니다. 일본, 영국, 홍콩 등 외국과 우편물을 교환하기로 협

우정총국

정을 맺고, 1884년에 우정사를 우정총국으로 바꾸었습니다. 인천, 부산 등 항구에 둔 우정총국

과 한성에 있는 우정총국을 연결해 나라 안 우편물과 더불어 국제 우편물도 주고 받게 되었습니다. 우정총국을 연 것을 축하하기 위해 고종 임금은 일본에 기념우표 다섯 종류를 주문했습니다. 그러나 문을 여는 축하 잔치에서 갑신정변이 일어나자 우편 업무는 20일 만에 중단되었고 우표도 쓸 수 없게 되었습니다. 10년이 지난 다음에야 조선에서 근대식 우편이 시작되었습니다.

〈서양식 의술을 전해준 병원, 광혜원〉

우정총국을 처음 여는 잔치에서 "불이야"하는 소리를 듣고 가장 먼저 밖으로 뛰어나온 민영익은 누군가가 휘두른 칼에 찔려 쓰러졌습니다. 독일 사람인 묄렌도르프는 쓰러진 민영익을 자기 집으로 옮겼습니다. 그리고 미국에서 온 선교사이자 의사인 앨런에게 치료를 맡겼습니다. 앨런은 칼에 찔려 깊은 상처를 입은 민영익을 치료해 살려냈습니다. 이 일로 고종 임금은 서양 의술에 대해 깊은 믿음을 가지게 되었습니다.

이렇게 조선 왕실과 인연을 맺은 앨런은 고종 임금을 찾아가 서양식 병원을 세워주면 돈을 받지 않고 일을 하겠다고 했습니다. 서양의술에 관심이 많았던 고종 임금은 앨런에게 갑신정변을 일으켰던 홍영식 집을 병원으로 쓰라고 내주었습니다. 앨런은 집을 고쳐 서양식 근대 병원인 〈광혜원〉을 열었습니다. '은혜를 널리 펼친다.'는 뜻인 광혜원은 열흘 뒤에 '대중을 널리 구한다.'는 〈제중원〉으로 이름을 바꾸었습니다. 앨런은 제중원에서 왕실이나 신분이 높은 사람을 치료했을 뿐만 아니라, 가난한 사람에게는 돈을 받지 않고 병을 치료해 주었습니다. 또 의학교를 세우고 학생에게 서양의술을 가르쳐서 의사가 되는 길을 열어 주었습니다.

광혜원

1. 조선에서 최초로 발행된 신문 이름은 무엇인가요?

요즘 사람은

더욱 가까워진 태극기

▶ 옛날에는 태극기를 고이 간직하고 잘 모셔 두어야 한다고 생각했지만, 지금은 태극기를 편하게 대하는 것에 대해서 생각해 봅시다.

3·1 만세운동 때 거리로 나온 많은 사람이 태극기를 손에 들고 힘차게 만세를 부르며 독립을 간절히 바라는 마음을 외쳤습니다. 그리고 광복이 되던 날 들고 나온 태극기로 온 거리가 물결처럼 출렁거렸습니다. 4·19혁명에서 6월 항쟁까지 민주주의를 외칠 때도 태극기를 앞세우며 거리로 나왔습니다. 우리나라를 상징하는 태극기는 힘든 일이나, 기쁘고 슬픈 일이 있을 때 빠지지 않고 마음을 하나로 모아주었습니다.

태극기는 아주 소중하게 여겨서 함부로 다루지 않았습니다. 장롱처럼 깨끗하고 깊숙한 곳에 보관했다가 국경일 같은 특별한 날에만 꺼내 달았습니다. 공공장소에서는 날마다 아침에 태극기를 달고 저녁이면 내렸습니다. 태극기가 내릴 때 애국가가 울려 퍼지면 하던 일을 멈추고, 태극기를 우러러 보아야 했습니다. 태극기로 나라를 사랑하는 마음을 경건하게 표현했기 때문입니다. 태극기로 다른 물건을 만들거나 태극기 문양을 함부로 물건에 그려 넣을 수 없었습니다.

하지만 요즘은 밤이 되어도 내리지 않고 태극기를 늘 달아 둡니다. 신나고 즐거울 때에도 태극기와 함께 합니다. 태극기 문양을 옷이나 물건에 새겨 넣기도 합니다.

2002년 월드컵 축구대회 때에는 응원을 하기 위해 모여서 태극기를 흔들기만 하지 않고 머리에 뒤집어쓰거나 어깨에 두르거나 치마처럼 허리에 두르기도 했습니다. 또, 얼굴에다 알록달록 태극기무늬도 그려 넣었습니다. 옛날에는 신성하게만 여기고 우러러 보기만 하던 태극기를 이제는 함께 뛰놀고, 즐겁게 어울리는 친구처럼 대하게 되었습니다.

생각하기

1. 태극기를 응원도구로 쓰는 것에 대해 어떻게 생각하나요?

87

목을 자를지언정 내 머리털은
자를 수 없다

최익현

(1220년대~1273년, 고려 시대 군인)

🔊 역사 연대기

1865 ~ 1868년 경복궁을 다시 지음
1876년 강화도 조약을 맺음
1894년 갑오개혁이 시작됨
1895년 단발령이 실시됨
1904년 러·일전쟁이 일어남

🔊 학습목표

1. 강화도 조약에 대해 알 수 있다.
2. 을사늑약에 대해 알 수 있다.
3. 최익현이 의병을 일으킨 까닭을 알 수 있다.

인물 이야기

왜놈이 주는 것은 물 한 모금도 마시지 않겠다.

　최익현은 스물세 살에 과거에 급제해 벼슬에 나갔습니다. 임금에게 바른 말을 서슴없이 해야 하는 사헌부, 사간원 등에서 벼슬을 지냈습니다. 최익현은 옳다고 생각하는 일이면 임금 앞에서도 굽히지 않고 할 말을 다했습니다.

　흥선대원군이 경복궁을 다시 짓기 위해 당백전을 만들고 나랏돈을 너무 많이 써서 물가가 치솟자 백성이 고통을 받게 되었습니다. 최익현은 가만히 있지 않고 흥선대원군을 비판하는 상소를 올렸습니다. 이 상소 때문에 흥선대원군에게 미움을 받아 관직에서 쫓겨났지만, 나라를 걱정하는 선비와 사람에게 더욱 존경을 받게 되었습니다.

　고향에 돌아가 학문에 힘쓰던 최익현은 다시 벼슬을 받았습니다. 하지만 임금이 스무 살이 넘었으니 아버지가 대신 정치를 하는 명분이 없다며 흥선대원군이 조정에서 물러나야한다는 상소를 올리고 벼슬을 그만 두어 버렸습니다. 이때 흥선대원군을 따르던 신하는 최익현이 아버지와 아들 사이를 이간질했으니 엄하게 벌을 내리라고 했습니다.

　고종 임금이 직접 나라를 다스리게 되었지만, 최익현은 아버지와 아들을 이간질한 죄로 제주도로 귀양을 갔습니다.

　최익현이 제주도에서 풀려나온 다음해에 조선은 일본과 강화도 조약을 맺었습니다. 이때 최익현은 도끼를 들고 궁궐 앞에 엎드려,

"일본이 같은 동양 사람이라고는 하나 서양 오랑캐나 마찬가지입니다. 저들이 가지고 오는 물건은 공산품이라 얼마든지 만들 수 있지만, 우리가 주는 곡식은 일 년에 한 번밖에 안 나는 것이니 양이 정해져 있습니다. 한번 조약을 맺으면 일본이 들여오는 물건 때문에 나라가 망할 것입니다."

라는 상소를 올렸습니다. 도끼를 들고 간 까닭은 상소를 받아주지 않으려면 자기 목을 치라는 강한 의지를 나타낸 것입니다. 하지만 최익현은 다시 흑산도로 귀양을 가야했습니다.

　4년 동안 흑산도에서 귀양살이를 마치고 고향에 돌아온 최익현은 학문을 닦고 제자를 키우는 일에만 몰

한번 조약을 맺으면 저들이 들여오는 물건 때문에 나라가 망할 것입니다.

두해 나라에서 여러 번 벼슬을 내렸으나 그때마다 거절했습니다.

을미사변이 일어나고 머리를 서양식으로 짧게 자르라는 단발령이 내려졌을 때 최익현은,

"머리카락은 부모가 내려준 것인데 어찌 마음대로 하느냐? 내 목은 자를 수 있을지언정 머리카락은 자를 수 없다."

며 우리나라 문화를 없애고 서양식 문화를 강요하는 외세에 강하게 반발했습니다. 그러자 관리도 차마 최익현 머리카락을 자르지 못했습니다.

러일전쟁에서 이긴 일본은 조선을 위협해 강제로 을사늑약을 맺고 우리나라 외교권을 빼앗았습니다. 이 소식을 들은 최익현은 '을사오적들 목을 베소서.'라는 상소를 올리고 나서 한양으로 올라가려고 했으나 일본군이 방해해 뜻을 이루지 못했습니다. 그러자 최익현은,

"일본으로부터 나라를 지키기 위해서는 지금 일어나 싸워야 합니다."

라는 내용을 담아서 전국에 호소문을 보냈습니다. 이 호소문을 통해 '세금 안 내기, 철도 이용 안 하기, 일본 제품 안 사기.' 등을 주장했습니다. 전국에 있는 유생과 더불어 궁궐 앞으로 나가 죽기를 각오하고 상소하자고 뜻을 모았지만, 그 일도 일본군이 방해해 실패하고 말았습니다.

3개월 동안 다시 준비를 한 최익현은 전라도 태인에 있는 무성서원에서 외세를 몰아내기 위한 의병을 일으켰습니다. 그 때 나이가 일흔네 살이었습니다. 순창에서 의병을 이끌고 관군, 일본군과 맞서 싸우다 체포되었는데 최익현이 끝내 굴복하지 않자 쓰시마 섬으로 귀양을 보냈습니다. 그곳에서,

"왜놈 땅에서 난 쌀 한 톨, 물 한 모금도 입에 대지 않겠다."

라고 말하며 모든 음식을 끊고 조용히 죽음을 기다렸습니다. 이를 지켜보던 일본 사람은 모두 최익현이 보여준 높은 기개에 감동을 받았습니다.

1. 최익현이 태인에서 의병을 일으킨 까닭은 무엇인가요?

위정척사! 외세에 맞선 사람

강화도 조약에 반대하는 상소를 올리면서 도끼를 들고 나가 자기 주장을 강하게 한 최익현에게 많은 영향을 준 사람은 스승 이항로였습니다.

이항로는 서양 세력이 밀려오자 서양 문물을 받아들이면 안 된다는 상소를 올렸습니다. 흥선대원군은 우리나라와 무역을 할 수 있게 해달라고 강제로 요구하며 프랑스와 미국이 쳐들어왔을 때 이항로 같은 유학자가 내세운 주장을 받아들여 서양 세력을 멀리했습니다. 또 서양 세력과 손잡지 않고 물리친다는 뜻을 담은 '척화비'를 세워 그 뜻을 널리 알렸습니다. 이처럼 서양 문물을 멀리하자는 주장을 '위정척사'라고 합니다.

이항로

위정척사는 '바른 것을 지키고 사악한 것은 물리친다.'는 뜻인데 '바른 것'은 유교적 가르침을 말하고 '사악한 것'은 서양 세력과 서양 문물을 말하는 것입니다. 이항로는 무조건 외국 문물을 받아들이지 말자는 뜻으로 위정척사를 주장한 것이 아니라 침략해 오는 외국세력과 맞서 싸울 것을 주장한 것입니다.

양헌수는 이항로 밑에서 공부를 하고 무과시험에 합격해 프랑스가 쳐들어 온 '병인양요'때 당당히 맞서 싸워 강화도를 지켜냈습니다.

유인석은 이항로에게서 위정척사 사상을 이어받았고, 1876년 일본과 강화도 조약을 맺자 유생을 이끌고 반대 상소문을 올렸습니다. 1894년 갑오개혁으로 김홍집이 친일파로 이루어진 정부를 세우자 의병을 일으켜 충주와 제천에서 싸우다가 만주로 갔습니다. 그 뒤 러시아 블라디보스토크에서 이상설 등과 두만강 연안으로 쳐들어 가다가 러시아 군대에 체포되었습니다. 그 뒤에도 꾸준히 독립운동을 했습니다.

홍재학도 이항로에게 성리학을 배웠습니다. 김홍집이 개화정책을 시작하자 이에 반대하는 유생이 한양으로 올라오기 시작했습니다. 홍재학은 상소를 올려 위정척사 정신을 살려 나라를 팔아먹는 '매국자'를 처벌하고 서양 물건과 서양 책을 모두 불태우자고 했습니다. 또 개화정책을 밀고 나가기 위해 만든 '통리기무아문'을 없애야 한다고 주장했고, 결국 홍재학은 처형을 당했습니다.

살아있는 인물 열어가는 역사

　1895년에 일본공사 '미우라 고로'가 일본군을 불량배로 꾸미고 경복궁을 침입해 명성황후를 살해하고 시신에 석유를 뿌려 불사른 뒤 뒷산에 묻어버린 을미사변이 일어났습니다. 화가 난 유생이 들고 일어났습니다. 문석봉은 유인석과 함께 명성황후를 죽인 원수를 갚자며 충청도 제천에서 의병을 일으켰고, 강원도 춘천에서는 이항로 제자인 이소응이 의병을 일으켰습니다.

　을미사변이 일어난 뒤 일본은 저지른 만행을 덮기 위해 친일파인 김홍집을 내세워 새로운 국가체계를 세웠습니다. 그리고 아주 빠른 속도로 조선을 개혁하려고 '단발령'을 내렸습니다. 고종 임금 아들인 순종이 먼저 머리를 깎고 단발령을 내렸으나, 많은 백성과 유생은 통곡을 했습니다. 조상님께서 물려주신 머리카락을 일본 강요에 못 이겨 함부로 자르는 것은 불효라고 주장하며 깎지 않으려고 했습니다. 일본은 위생적이라는 이유로 단발령을 내렸으나, 우리 민족은 단발령이 우리 민족정신을 약하게 만드는 것이라고 믿어 반대가 심했습니다. 최익현은 단발령에 강력하게 항의하며 의병을 일으켰습니다.

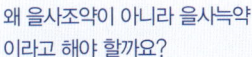
왜 을사조약이 아니라 을사늑약이라고 해야 할까요?
조약은 국가가 서로 합의에 따라 맺는 것이고, 늑약은 강압에 의해 억지로 맺은 것을 말하기 때문입니다.

　민종식, 신돌석, 최익현은 1905년에 일본이 대한제국을 협박해 강제로 '을사늑약'을 맺자 전국에서 의병을 일으켰습니다. 러시아에게 밀려 힘을 잃었던 일본이 대한제국을 지배하기 위해 고종 황제에게 대한제국 외교권을 일본에게 넘기라고 강요했습니다. 외교권은 다른 나라와 협상도 하고 무역도 할 수 있는 중요한 권한이라서 끝까지 거절하고 조약에 서명하지 않자 일본 헌병을 동원해 궁궐을 에워싸고 조약을 맺으라고 협박했습니다. 회의에 참석한 여덟 명 대신 가운데 이완용, 이근택, 이지용, 박제순, 권중현, 이렇게 다섯 명이 조약에 찬성하고 모든 책임을 고종 황제에게 돌렸는데, 이 다섯 명을 '을사오적'이라고 합니다. 이로써 대한제국은 일본 정부를 거치지 않고는 다른 나라와 조약을 맺을 수 없게 되었습니다. 대한제국은 독립된 나라가 아니라 일본 식민지가 되어 버린 것입니다.

1. 위생적이라는 이유로 실시한 단발령을 많은 백성이 반대한 까닭은 무엇인가요?

요즘 사람은

소중한 것을 지키기 위해 삭발을 해요.

▶ 민족정신을 지키기 위해 단발령에 반대했지만, 요즈음 우리나라 농업을 지키려고 도리어 삭발을 하는 것에 대해 생각해 봅시다.

뉴스에서 FTA반대에 대한 기사가 나왔다. 궁금해서 엄마한테 물어 보았다.

"엄마, FTA가 뭐예요? 그게 뭔데 반대시위를 하고 삭발을 해요?"

"FTA는 '자유무역협정'이라는 뜻을 줄인 말이야. 나라와 나라 사이에 자유로운 무역을 할 수 있도록 하자는 것이지. 그런데 자유무역을 하면 우리나라처럼 자원이 부족하고 수출에 의지하는 나라는 손해가 클 수 있단다."

"자유롭게 무역하자는 것은 좋은 건데 왜 손해예요?"

"좋은 점도 있지만, 외국에서 생산한 농산물이 너무 싼값에 마구 들어오면 우리나라 농민이 생산한 농산물이 팔리지 않아서 농민은 더 이상 농사를 지을 수 없을지도 몰라."

"왜 농사를 못 지어요?"

"우리나라로 농산물을 수출하는 나라는 대부분 땅이 넓어 많은 농산물을 한꺼번에 생산할 수 있는 나라야. 그래서 외국에서 들어오는 농산물은 아주 싼값에 들어온단다. 그러니 제 값을 받아야 하는 우리 농산물이 잘 안 팔리잖아."

"사람이 농산물을 살 때 서로 비슷한 거라면 값이 더 싼 것을 사기 때문인가요?"

"그래, 값싼 외국 농산물에 밀려서 농민이 농사를 짓지 않게 되고 우리나라에서 농산물이 생산되지 않는다면 그 때부터는 외국에서 들어오는 모든 농산물이 아주 비싼 값에 팔리게 될 거야. 그러면 우리는 외국으로부터 비싼 값을 치르고 농산물을 사 먹어야 하지."

"그럼 왜 머리카락을 빡빡 밀고 삭발을 해요? 머리카락 자른다고 뭐가 달라지나요?"

"우리 조상들은 머리카락을 몸과 같이 소중하게 여겨서 함부로 하지 않았지. 소중하게 여기던 머리카락을 자른다는 것은 머리카락보다 더 소중한 것을 지키겠다는 것을 보여주려는 거야."

"싼값에 들어오는 외국 농산물로부터 우리나라 농민과 우리 농산물을 지키려고 FTA반대시위를 하는 군요."

1. 삭발을 하면서까지 FTA반대시위를 하는 까닭은 무엇일까요?

88

스스로 근대화를 이루려고 했던

고종 황제

(1852년~1919년, 조선 26대 임금/대한제국 1대 황제)

🔊 역사 연대기

1895년 을미사변이 일어남
1896년 고종 황제가 러시아 공사관으로 옮긴 아관파천을 함
1897년 대한제국을 세움
1905년 을사늑약을 맺음
1907년 헤이그에 특사를 보냄

🔊 학습목표

1. 고종 황제에 대해 알 수 있다.
2. 대한제국 시대에 달라진 생활에 대해 알 수 있다.
3. 덕수궁에 대해 알 수 있다.

고종 황제, 근대화를 꿈꾸다

　명성황후가 일본사람에게 목숨을 잃은 을미사변이 일어나자 고종 임금은 슬픔과 함께 두려움을 느꼈습니다. 일본사람이 궁궐을 마음대로 드나드는 것을 보고 자신을 죽일지도 모른다고 생각했기 때문입니다.

　고종 임금은 일본세력으로부터 벗어나기 위해 러시아 공사관으로 거처를 옮겼습니다. 고종 임금은 일본 간섭에서 벗어날 수 있었으나 이번에는 러시아가 세력을 둘렀습니다. 우리나라에 있는 금광이나 산림 같은 자원을 차지했습니다. 자꾸 다른 나라가 우리나라 자원을 빼앗아 가자 고종 임금은 나라 힘을 키워야겠다고 마음먹고 나라 기틀을 새로 만드는 계획을 세우기 시작했습니다.

　고종 임금이 러시아 공사관에서 지내던 생활을 끝내고 경운궁으로 돌아오자, 여러 신하가

"전하, 중국이나 일본만 황제 국가가 아니라 조선도 어엿한 황제 나라임을 보여주어야 합니다. 그래야 우리를 함부로 대하지 않을 것입니다."

라며 조선도 중국이나 일본처럼 황제 나라가 되어야 한다고 하자, 고종 임금은 나라 이름을 대한제국으로 바꾸었습니다. 제국이란 '황제가 다스리는 나라'라는 뜻입니다. 또 '힘을 기르고 나라를 빛내자'는 뜻을 담아 '광무'라는 새로운 연호를 사용해 대한제국이 자주독립국가임을 널리 알렸습니다.

　대한제국 황제가 된 고종 황제는 여러 가지 제도를 새롭게 만들면서 나라 힘을 키우기 시작했습니다.

　우선 수도 한성을 근대도시로 바꾸기 시작했습니다. 경운궁을 중심으로 좁았던 도로를 넓히고 전기를 사용하는 가로등을 설치하는 등 도시를 깨끗하고 편리하게 만들었습니다. 또 한성전기회사를 세워 전차를 운행하게 하고 철도를 건설하는 관청을 세우는 등 새로운 문물을 적극 받아들여 근대화를 이루기 위해 노력했습니다. 더 이상 외국에 의존하지 않아야 한다고 생각한 고종 황제는 새로운 기술을 갖춘 우리나라 기업을 세울 수 있도록 적극 지원했습니다.

　이처럼 고종 황제는 우리 민족 힘만으로 나라를 근대화시키려고 했습니다. 그러나 대한제국을 둘러싼 나라끼리 세력 다툼을 하는 바

살아있는 인물 열어가는 역사

람에 무척 힘이 들었습니다. 러시아와 일본이 한반도에서 주도권을 차지하기 위해 치열한 경쟁을 벌였기 때문입니다. 러시아에게 밀려 힘을 잃었던 일본은 러일전쟁에서 승리하자 대한제국을 지배하기 위해 차근차근 계획을 세웠습니다.

일본이 강제로 을사늑약을 맺게 했지만, 고종 황제는 결코 을사늑약을 인정하지 않았습니다. 고종 황제는 이 조약이 강제로 맺어졌기 때문에 무효임을 알리기 위해 미국 공사에게 비밀리에 편지를 보냈습니다. 그러나 미국은 일본이 대한제국을 지배하는 것을 인정한다는 가쓰라 태프트 밀약을 맺었기 때문에 고종 황제가 보낸 편지를 무시해 버렸습니다.

특사
특별한 임무를 띠고 보내는 사람

고종 임금, 고종 황제
대한제국을 세우기 전까지는 고종을 '고종 임금'으로 부르고 세운 뒤에는 '고종 황제'로 부름

그래도 고종 황제는 대한제국을 지키려는 노력을 포기하지 않았습니다. 일본 감시가 삼엄해 힘들었지만, 대한제국과 외교관계를 맺은 여러 나라에 지원을 요청하는 편지를 계속 보냈습니다. 또한 네덜란드 헤이그에서 열리는 만국평화회의에도 특사를 보냈습니다.

"이준, 이위종, 이상설, 당신들 세 사람이 전 세계 사람이 모이는 평화회의에 참석해 우리나라가 강제로 외교권을 빼앗겼다는 것을 널리 알려주시오. 당신들만 믿겠소."

헤이그에 도착한 특사는 각국 대표에게 대한제국 대표로 회의에 참석시켜 주고 대한제국을 도와달라고 부탁했지만, 모두 거절당했습니다. 특사가 회의에 참석하지 못하도록 일본이 방해했기 때문이었습니다.

일본은 헤이그에 특사를 보내 망신을 주었다며 고종 황제를 강제로 물러나게 하고 아들인 순종을 황제 자리에 오르게 했습니다. 고종 황제가 힘이 없어지자 일본은 우리나라 군대를 해산시켜버렸고, 나라도 완전히 빼앗아 버렸습니다.

탐구하기

1. 고종 황제가 특사를 보낸 곳은 어디인가요?

대한제국 시대에 달라진 생활

대한제국 시대에는 전화, 전신 같은 근대 통신 시설과 전차, 기차 등 근대 교통수단이 잇달아 들어와 나라 모습과 생활을 바꾸어 놓았습니다. 생전 처음 보는 서양 문물을 낯설어하면서도 많은 호기심을 느꼈습니다.

전기는 대한제국이 생기기 10년 전인 1887년에 들어왔습니다. 고종 황제가 직접 미국 에디슨 전기회사와 계약을 맺어 전등을 들여왔습니다. 전기사업에 관심이 많았던 고종 황제는 1898년에 한성 전기회사를 세워 전차를 운행하는 데 필요한 전기를 만들라고 했습니다. 전차는 전기 힘으로 달리는 차이기 때문입니다.

1899년에 처음으로 서울 서대문에서 청량리까지 전차가 달리기 시작했습니다. 전차를 개통하는 날, 고종 황제가 '서양 쇠당나귀'에 탄다는 이야기를 전해 듣고 구름처럼 몰려들었습니다. 그 전까지만 해도 걸어 다니거나 말과 마차, 가마를 타는 것이 전부라 전차가 무척 신기했습니다.

전차에 대한 호기심과 인기가 얼마나 높던지 한번 탔다 하면 내리지 않고 종점과 종점을 몇 번씩 왔다 갔다 했습니다. 또한 전차를 타려고 시골에서 논밭을 팔아 가지고 오는 사람이 많아서 '논마지기 전차'라는 유행어가 생길 정도였습니다. 하던 일을 내팽개치고 전차만 타다가 재산을 모두 날린 사람까지 있었습니다.

1898년 우리나라에서 처음으로 전화가 개통되자 대한제국이 들어선 경운궁 안에도 전화가 설치되었습니다. 이때 전화는 교환원이 다른 상대에게 연결시켜주어야 했기 때문에 전화 교환실이 필요했습니다. 탕건을 쓴 남자 교환수가 이곳에서 일을 했습니다.

이때만 해도 전화기라는 말 대신 '전어기' 또는 '덕진풍'이라는 말이 자주 쓰였습니다. 전어기는 '말을 나누거나 전하는 기계'라는 뜻이고 덕진풍은 '텔레폰'(telephone)이라는 영어 발음을 한자 말로 바꾼 것입니다.

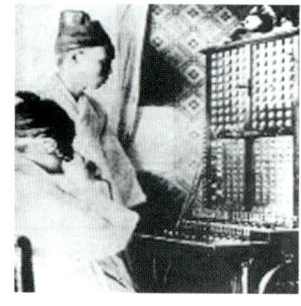
궁궐 내 전화 교환실

전차 개통식을 구경하기 위해 동대문에 모인 백성들. 동대문 아래 건물은 전차보관소다.

전차가 등장한 지 4개월 뒤에는 서울과 인천을 오가는 경인선 기차가 생겼습니다. 이때는 기차를 불을 뿜어내는 수레라는 뜻으로 '화륜거'라고 불렀습니다.

〈독립신문〉에 '화륜거 소리는 우레와 같아 천지가 진동하고 기관차 굴뚝 연기는 하늘높이 솟아오르더라. 차창에 앉아 밖을 내다보니 산천초목이 모두 활동해 달리는 것 같고 나는 새도 미처 따르지 못하더라.' 라고 보도할 정도로 기차가 나는 새보다 빠르다고 생각했습니다. 서울에서 인천에 가려면 하루 종일 걸리던 것이 한 시간 반 만에 도착할 수 있으니 그럴 만도 했습니다.

그러나 경인선 기차는 구경꾼만 구름처럼 모여들었고, 정작 기차를 이용하는 사람은 별로 없었습니다. 밥 한 끼 값이 5전, 짚신 한 켤레가 10전인데 비해 기차 요금은 80전으로 매우 비쌌기 때문입니다. 또한 철도가 우리나라 힘으로 건설된 것이 아니라 일본에 의해서 건설되었기 때문에 철도를 안 좋게 생각했습니다.

경인선은 원래 우리 힘으로 건설하려고 대한제국이 철도를 담당한 기관을 두었습니다. 그러나 돈이 부족해 뜻을 이루지 못하고 일본사람이 만들었습니다. 일본은 우리나라에 철도를 놓아서 만주로 쳐들어가는 발판을 마련하려고 했기 때문입니다. 결국 우리나라를 빼앗기고 일본 식민지가 되면서 철도는 우리나라 쌀이나 금같은 자원을 외국으로 운반하고, 수많은 일본군을 실어 날라서 일본이 우리나라를 지배하는 데 이용되었습니다.

〈철도 광고〉

경성 장안에서 마포나 용산을 갔다 오는 시간이면 인천을 쾌속하게 왕래할 것이며 화륜거 삯도 싸려니와 차내에는 상, 중, 하등석 구별이 있어 편리하며, 상등실은 유리창이 바람을 막고 교의(의자)는 앉기에 편하고 대소변까지 할 수 있는 별방(화장실)을 설비하였으니 편리하도다.

1. 기차를 이용하는 사람이 적었던 까닭은 무엇인가요?

요즘 사람은

덕수궁 정관헌을 가다.

▶ 경운궁은 고종 황제가 러시아 공사관에서 돌아온 뒤 돌아가실 때까지 머물렀던 궁궐입니다. 고종 황제가 일제에 의해 강제로 물러난 뒤에는 덕수궁이라고 불렀습니다. 고종 황제와 함께 아픈 역사를 겪은 경운궁에 대해 알아봅시다.

　엄마와 함께 덕수궁을 구경하던 하은이는 보통 궁궐과는 좀 다르게 생긴 건물을 보고 엄마한테 물어보았습니다.

　"이곳은 '정관헌'이란다. 러시아 사람이 지었어. 벽도 없고, 기둥과 기둥 사이가 반원 모양이고, 발코니가 화려하게 꾸며져 있어서 예쁜 카페 같지? 고종 황제가 커피를 마시고 음악도 들으면서 쉬던 곳이야. 외국 외교관과 연회를 열기도 하고."

　"커피요? 그때도 커피가 있었어요?"

　"응. 고종 황제가 러시아 공사관에서 1년 동안 있었다고 했지? 그곳에서 처음으로 커피를 마셨던 황제가 그 맛을 못 잊어 이 정관헌에서 자주 커피를 마셨다고 해. 그런데 정관헌이 서양식 건물인 것 같아도 자세히 살펴보면 전통적인 요소도 많이 있단다. 황금색으로 칠한 철제 난간에 소나무, 사슴, 박쥐 문양으로 장식한 것이 보이지?"

　"네. 그런데 소나무랑 사슴은 오래 사는 십장생이라 옛날 사람이 좋아하던 거지만 박쥐는 왜 장식해 놓았어요? 난 이솝우화에 나오는 간사한 박쥐 생각이 나서 싫은데."

　"박쥐가 새끼를 많이 낳는 동물이라 황실 자손도 많이 생겨 대한제국이 오래 이어지라는 뜻으로 새긴 거란다. 그런데도 순종 황제를 마지막으로 대한제국은 영원히 사라지고 말았구나."

　엄마가 슬픈 눈으로 정관헌을 바라보는 모습을 보니, 하은이도 일본에 의해 강제로 황제자리에서 물러나 혼자서 커피를 마시고 있는 쓸쓸한 고종 황제 모습이 보이는 것 같아 처음처럼 멋지게만 보이지는 않았습니다.

덕수궁 정관헌-서울 중구

정관헌 황금색 난간

생각하기

1. 우리나라 궁궐인 덕수궁 안에 외국 사람이 지은 건물이 있는 까닭은 무엇일까요?

89

조선이 근대화되기를 꿈꾼
유길준
(1856년~1914년, 구한말 정치가)

🔊 역사 연대기

1881년 일본에 신사유람단이 파견됨
1883년 태극기를 국기로 결정함
1884년 갑신정변이 일어남
1894년 동학농민운동이 일어남

🔊 학습목표

1. 유길준에 대해 알 수 있다.
2. 유길준이 생각했던 개혁에 대해 알 수 있다.
3. 유길준이 ≪서유견문≫을 쓴 까닭을 알 수 있다.
4. 해외여행에 대해 생각해 볼 수 있다.

인물 이야기

근대 유학생 1호, 유길준

　유길준은 양반 가문에서 태어나, 과거를 보기 위해 유학을 공부했습니다. 그러다 실학을 공부하고 개화사상을 주장하던 박규수를 만나게 되었습니다. 유길준은 중국에서 들어온 ≪해국도지≫와 같은 책을 통해 해외 문물을 알게 되면서 세상이 변화하는 때에 과거제도가 맞지 않다는 것을 깨달았습니다. 과거제도는 공자, 맹자가 했던 옛말이나 유학에 담긴 뜻을 외워서 시험을 보기 때문에 세상흐름과 맞지 않으므로 없애야 한다고 생각했습니다. '과거시험을 보기 위해 좋은 글을 공부하지만, 과거에 합격해 나라를 다스릴 때는 배운 글을 실천하지 않는다. 과거는 오히려 국가를 병들게 하는 것이므로 없애야 한다.'고 주장했습니다.

　고종 황제는 세상이 점점 변하고 있으니 조선도 개화를 해야 한다고 생각했습니다. 그래서 일본에 사람을 보내 발달된 문화를 보고 오도록 하고 싶었지만, 개화를 반대하는 사람이 많아서 마음대로 할 수 없었습니다.

　고종 황제는 일본에 가는 '신사유람단'에게 암행어사라는 직책을 주어 부산까지 간 다음 몰래 일본으로 가게 했습니다. 그때 유길준도 함께 갔습니다.

　신사유람단은 넉 달 동안 일본 도쿄, 오사카 등을 둘러보았습니다. 유길준은 고종 황제에게 일본이 빠른 속도로 발전하고 있다는 것을 자세히 알려주었습니다. 유길준은 신사유람단과 함께 돌아오지 않고 일본에 남았습니다. 유길준은 일본이 갑자기 강해진 것은 개화를 했기 때문이라는 것을 깨달았습니다. 유길준은 개화를 하기 위해서 필요한 것을 열심히 보고 배웠습니다.

　얼마 뒤에 고종 황제가 유길준에게 돌아오라고 했습니다. 조선이 미국과 '조미수호조약'을 맺었으나, 미국에 가 있는 외교관이 없었기 때문에 우리나라 사람이 미국에 사신으로 가야 했습니다. 고종 황제는 세상물정에 밝은 유길준도 함께 가라고 했습니다. 그래서 유길준은 민영익, 홍영식과 함께 '보빙사'가 되어 미국에 갔습니다. 미국에 간 유길준은 일본보다 더 발전된 모습을 보고 더욱 놀랐습니다. 유길준은 한복이나 상투가 개화를 하는 데 걸림돌이 된다고 생각했습니다. 유길준은 과감하게 한복을 벗고는 양복으로 갈아입었습니다. 상투도 잘라버렸습니다. 새로운 문화와 학문을 열심히 공부했습니다.

살아있는 인물 열어가는 역사

　미국에 남아서 공부를 하던 유길준은 갑신정변이 3일 만에 실패했다는 소식을 듣고 아무리 좋은 개혁도 급하게 서두르면 안 된다는 것을 깨달았습니다.

　갑신정변으로 나라가 청나라와 일본 사이에서 어려움을 당하게 되자, 고종 황제는 유길준에게 돌아오라고 했습니다. 유길준은 돌아오는 길에 더 많은 나라를 보고 배우고 싶어서 대서양을 건너 유럽으로 갔습니다. 영국, 프랑스, 독일, 네덜란드, 포르투갈 등을 둘러보고, 수에즈운하, 싱가포르, 홍콩, 일본을 거쳐서 돌아왔습니다.

　그러나 유길준은 인천항에 도착하자마자 체포되고 말았습니다. 갑신정변을 일으켰던 김옥균과 친했기 때문이라는 핑계를 댔지만, 사실은 청나라가 조선을 개화하려는 사람을 없애려고 했기 때문입니다.

　고종 황제는 청나라에 의해 포도청에 붙잡혀 있던 유길준을 취운정으로 옮겨 집안에만 갇혀 지내는 생활을 하게 했습니다. 이렇게 유배를 시키면 오히려 청나라 감시로부터 벗어날 수 있기 때문입니다. 유길준은 7년 동안 집안에만 갇혀 지내면서 ≪서유견문≫을 썼습니다.

　유배에서 풀려난 유길준은 김홍집과 함께 갑오개혁을 추진했습니다. 무조건 빠른 개혁보다 우리가 가진 장점은 살리고 단점은 버리며, 다른 나라에서 좋은 점을 받아들여 개혁을 하려고 했습니다. 그러나 을미사변이 일어나고 단발령을 내리자 백성이 크게 반발했고, 전국에서 의병이 일어났습니다. 고종황제가 러시아공사관으로 몸을 피하는 아관파천이 일어나자 유길준은 일본으로 갔습니다.

　일본은 을사늑약으로 조선을 강제로 빼앗고, 합병을 도와준 조선 사람 78명에게 귀족 자리를 주었습니다. 유길준에게도 남작이라는 직위를 주어 일제를 돕도록 하려 했으나, 유길준은 거절했습니다. 유길준은 나라 잃은 것에 죄책감을 느껴 유족에게,

"나는 아무런 공을 이룬 것이 없으니 죽고 나면 묘비를 세우지 말아라."

라는 유언을 남겼습니다.

1. 유길준이 인천항에 들어오자 청나라 군인이 체포한 까닭은 무엇인가요?

유길준은 왜 《서유견문》을 썼을까요?

유길준은 일본과 미국이 발전한 모습을 보고 적잖이 놀랐습니다. 우물 안 개구리처럼 중국이 세계 중심이라고 생각했던 것이 어리석었음을 알았습니다. 그래서 우리나라도 서양문물을 받아들여야 한다고 생각했습니다. 그러나 김옥균이 개화를 너무 서두르는 바람에 갑신정변이 실패하게 되자 우선은 국민이 개화에 대해 잘 알수 있도록 해야겠다고 생각했습니다. 그동안 외국에서 보고 들은 것을 정리해 일본에서 읽었던 《서양사정》과 같은 책을 쓰기로 마음 먹었습니다.

《서양사정》은 후쿠자와 유키치가 미국과 유럽을 방문한 경험으로 쓴 책입니다. 이 책을 통해 일본은 서구문물을 받아들이게 되었습니다. 유길준은 《서양사정》처럼 서양 문물을 소개하고 있으나, 서양 것을 무조건 따라야 하는 것이 아니라 동양것인 유교사상도 존중해야 한다고 생각했습니다. 당시 흥선대원군이 취했던 쇄국정책으로 나라 밖 사정에 어두웠던 백성은 서양 문물이나 제도, 문화와 삶에 대해 알 길이 없었습니다. 그래서 모든 사람이 읽을 수 있도록 한글로 썼습니다.

《서유견문》은 기행문에 속합니다. 그러나 기행문은 출발에서 돌아올 때까지 시간흐름에 따

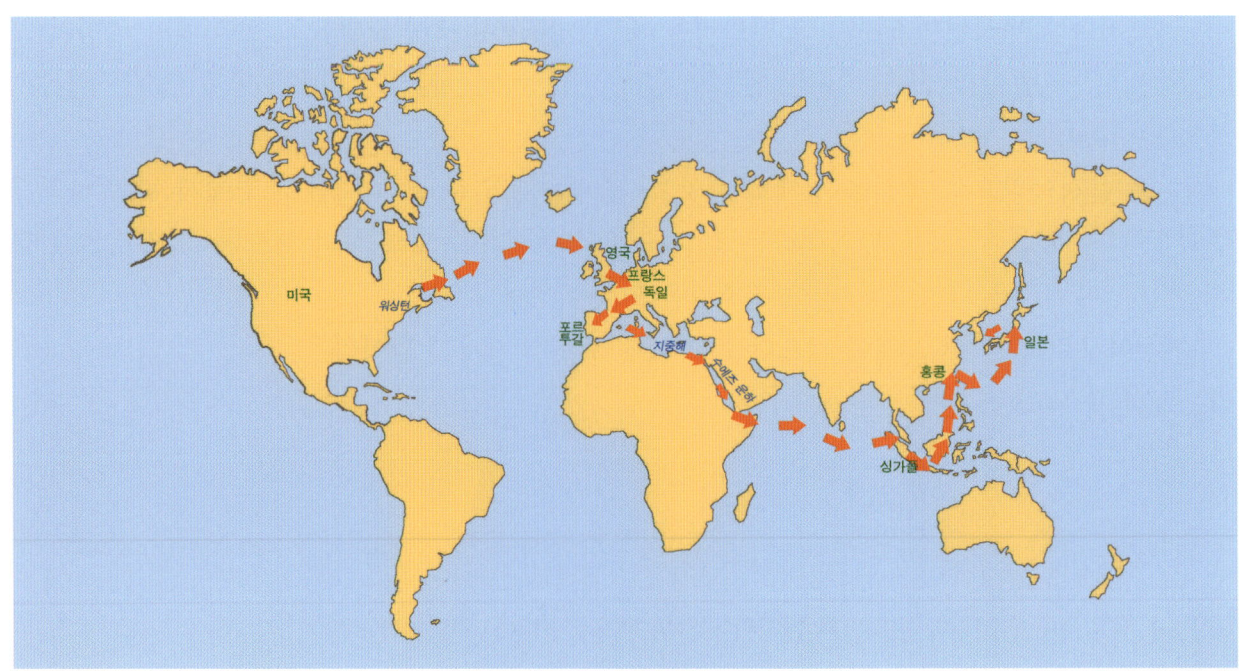

유길준이 미국에서 돌아올 때 들렀던 곳

라 보고 느낀 것을 기록하는데 ≪서유견문≫은 다른 형식을 취하고 있습니다. 20편으로 구성되어 있으며 1편부터 18편까지는 세계 지리와 서양 문물을 소개했고, 19편과 20편은 미국과 유럽 대도시에 관해 썼습니다.

유길준은 ≪서유견문≫을 통해 세계가 어떻게 생겼는지, 유명한 산, 바다, 강, 호수 등을 설명했습니다. 그리고 세계에는 서로 다른 인종과 나라가 있어서 저마다 만들어 내는 물건이 다르기 때문에 어떤 물건은 수입하고 수출을 하는지도 설명했습니다.

나라를 세우기 위한 권리에 대해 설명하면서 강대국이 힘만 믿고 약한 나라를 짓밟는 것은 올바르지 못한 짓이며, 무식하고 야만스러운 행동이라고 주장했습니다. 그러면서 약소국이 강대국에게 눌려 권리를 잃어버리지 않으려면 정부는 국민에게 지식을 가르치고 실력을 쌓아야 한다고 강조했습니다.

그리고 국민 권리와 경쟁에 대해서도 썼습니다. 유길준은 사람이 저마다 자기 이익을 추구하는 것 같지만 그 일이 성공하기 위해서는 여러 사람이 서로 엉켜있어야 가능하다고 했습니다. 그러므로 학자는 학문에 힘쓰고, 농부는 농사에 힘쓰며 노동자와 장사꾼도 자기가 하는 일에 힘을 다해 남에게 뒤지지 않게 열심히 일하는 하는 것이 바람직한 경쟁이라고 주장했습니다.

유길준은 단순히 여행기록을 남기고 싶어서 ≪서유견문≫을 쓴 것이 아니었습니다. 책을 통해 서양 문화와 제도를 우리나라에 소개해 좋은 점은 받아들여 개화를 앞당기고 싶었던 사명감으로 쓴 것입니다. 유길준은 ≪서유견문≫에서,

"입에는 외국 담배를 물고, 가슴에는 외국 시계를 차며, 의자에 걸터앉아서 외국 풍속을 이야기하거나 외국말을 얼마쯤 지껄이는 자가 어찌 개화인이라고 할 수 있겠는가? 이는 개화의 죄인도 아니고, 개화의 원수도 아니다. 개화라는 헛바람에 날려서 마음속에 주견도 없는 한낱 개화의 병신이다."

라며 개화에 겉물만 든 사람을 꾸짖기도 했습니다.

1. 유길준이 ≪서유견문≫을 쓴 까닭은 무엇일까요?

요즘 사람은

자유롭게 외국여행을 가요.

▶ 유길준이 《서유견문》을 쓸 당시 우리나라는 세계여행을 하기가 힘들었습니다. 그러나 요즘은 해외여행을 쉽게 합니다. 달라진 해외여행에 대해 생각해봅시다.

주희네 가족은 이번 방학에 중국에 있는 상하이로 여행을 가기로 했습니다. 상하이는 일제강점기에 많은 독립투사가 활동한 곳입니다. 그래서 주희는 이번 여행길에 상하이 임시정부와 윤봉길의사가 폭탄을 던졌던 홍커우 공원도 들를 거라고 해서 정말 기뻤습니다.

엄마는 인터넷을 통해 많은 여행사를 검색해보고, 일정과 경비를 맞춰본 다음, 예약을 했습니다. 워낙 많은 정보가 있어서 주희는 옆에서 지켜보아도 잘 알 수가 없었습니다.

"엄마, 세계여행에 관한 정보가 이곳에 다 있는 것 같아요."

"그래. 이제는 많은 사람이 인터넷으로 연결 되어 있으니까, 고객 마음에 들도록 여러 가지 여행 프로그램을 짜서 올려놓는단다."

"이번에는 중국에 가고, 다음에는 일본에 가면 좋겠어요. 일본 사람도 우리와 닮았으니 사는 모습도 같은지 비교해보고 싶어요."

"그럴까? 대신 공부도 열심히 해야 한다."

엄마는 살짝 웃으면서 주희를 바라보았습니다. 그러면서 1990년 이전에는 해외여행이 쉽지 않았다고 했습니다. 해외에 나가게 되면 달러를 쓰게 되니까, 외화 낭비라는 생각에 국가에서 해외여행을 많이 막았다고 합니다. 여행을 하는 것을 나라에서 막았다는 말이 주희는 믿어지지가 않았습니다. 그런 세상에 태어나지 않았던 것이 정말 다행이라고 생각했습니다.

엄마랑 오늘은 여권사진을 찍으러 갈 것입니다. 학생은 5년짜리 여권을 만들 수 있다고 하니 앞으로 5년을 쓸 수 있도록 예쁘게 찍어야겠다고 결심했습니다.

1. 1990년 이전에는 왜 나라에서 국민이 해외여행 하는 것을 막았을까요?

90

일제에 맞선 민족 혼

안중근

(1879년~1910년, 애국지사, 독립운동가)

🔊 역사 연대기

1895년 을미사변이 일어남
1904년 러일전쟁이 일어남
1907년 헤이그 만국평화회의에 특사를 보냄
1909년 안중근이 이토 히로부미를 사살함

🔊 학습목표

1. 안중근에 대해 알 수 있다.
2. 의병운동과 애국계몽운동에 대해 알 수 있다.
3. 안중근을 기리는 일에 대해서 생각할 수 있다.

 **인물 이야기**

침략국가 일본을 향해 쏘아 올린 총성

　안중근은 황해도 해주에서 태어났습니다. 어릴 때 이름은 응칠이었습니다. 태어났을 때 가슴과 배에 큰 점 일곱 개가 있었는데 북두칠성 모양 같았습니다. 그래서 응칠이라는 이름을 지어주었습니다. 응칠은 어릴 때부터 집안에 가만히 있지 않고 밖으로 돌아다니기를 좋아했습니다. 성격이 지나치게 활달한 손자를 걱정한 할아버지는,
"무거울 중에 뿌리 근으로 이름을 바꿔보면 어떻겠느냐?"
라며 점잖고 무게 있으라는 뜻인 '중근'으로 이름을 바꿔 주었습니다.

　안중근 집안은 그 마을에서 소문난 부자 집이었습니다. 집 안에 서당이 있어서 그 곳에서 공부할 수 있었습니다. 손님으로 온 사냥꾼들을 따라 다니며 총쏘기와 활쏘기를 배웠습니다. 열네 살 때는 달리는 멧돼지를 총으로 쏘아 잡을 수 있을 만큼 실력이 뛰어났습니다.

　안중근은 열여섯 살에 천주교 신자가 되었습니다. 열심히 교리를 배우고 역사 공부도 하면서 나라와 민족에 대해 깊이 생각하게 되었습니다.

　그 무렵 우리나라는 아주 힘든 상황이었습니다. 둘레에 있는 힘센 나라가 우리나라를 삼키려고 넘보고 있었습니다. 러일전쟁에서 승리한 일본이 을사늑약을 강제로 맺고 나라를 빼앗으려고 했습니다.

　안중근은 나라를 빼앗기지 않으려면 힘을 키워야 한다고 생각했습니다. 그러려면 젊은이를 교육시켜야 하므로 학교를 세웠습니다. 백성이 돈을 모아 일본에 진 나라 빚을 갚자는 국채보상운동에도 앞장섰습니다.

　그러나 나라는 점점 위태로워져만 갔습니다. 헤이그 특사사건이 일어나자, 일본은 고종 황제를 임금 자리에서 물러나게 했습니다. 우리나라 군대도 강제로 해산되었습니다.

살아있는 인물 열어가는 역사

안중근은 울분을 참을 수가 없었습니다. 백성을 깨우치는 것만으로는 도저히 빼앗긴 나라를 되찾을 수 없다는 것을 깨달았습니다. 그래서 일본군과 직접 맞서 싸우기 위해 러시아 블라디보스토크로 갔습니다. 그곳에서 의병 부대를 만들어 일본군을 무찔렀습니다.

그러던 어느 날, 우리나라를 빼앗고 짓밟는 데 앞장섰던 이토 히로부미가 만주에 철도를 건설하고 조선을 병합하는 문제를 러시아와 의논하기 위해 하얼빈으로 온다는 소식을 들었습니다. 안중근은 이토 히로부미를 없애기로 결심했습니다. 원수를 없애자며 손가락을 끊어 피로 맹세한 우덕순, 유동하, 조도선 등과 함께 철저한 계획을 세웠습니다.

드디어 이토 히로부미가 하얼빈에 오는 날이 되었습니다. 하얼빈 역은 많은 사람으로 붐볐고, 러시아 군인이 철통같이 지키고 있었습니다. 구경꾼 사이에 있던 안중근은 이토 히로부미가 기차에서 내리자, 품속에서 권총을 꺼내들고 침착하게 방아쇠를 당겼습니다.

탕! 탕! 탕! 권총 세 발은 이토 히로부미 가슴과 배를 정확히 맞추었고, 이토 히로부미는 그 자리에서 앞으로 고꾸라졌습니다. 권총을 버리고 태극기를 꺼내든 안중근은 목이 터져라,

"코레아 우라! 코레아 우라! 코레아 우라!"

라고 외치고 순순히 러시아 군인에게 체포되었습니다. '우라'는 러시아 말로 '만세'란 뜻입니다.

재판을 받으면서 안중근은 왜 이토 히로부미를 죽였는지 떳떳하게 밝혔습니다.

"이토는 조선 황후를 죽였고, 조선 황제를 내쫓았다. 우리나라를 강제로 빼앗았으며 죄 없는 백성을 마구 죽였다. 이토는 조선 독립과 동양 평화를 해친 원흉이다. 그것을 전 세계에 알리려고 이토를 쏘았다."

안중근은 죽음을 앞두고도 당당하게 행동했습니다. 일본 간수도 그런 안중근을 존경해 함부로 대하지 못했습니다. 안중근은 감옥에서 ≪안응칠 역사≫라는 책을 썼습니다. 그리고 ≪동양 평화론≫을 쓰던 도중 다 완성하지 못하고 뤼순감옥에서 순국했습니다.

1. 안중근이 이토 히로부미를 죽인 까닭은 무엇인가요?

그때 사람은

나라를 되찾기 위한 의병운동과 애국계몽운동

일본에 나라를 빼앗겼을 때, 모든 백성이 한 마음으로 힘을 모아 여러 가지 방법으로 맞서 싸웠습니다.

의병은 총칼을 들고 일어난 사람입니다. 전국에서 일어난 의병은 고종 황제가 물러나고 군대가 해산되면서 더 크게 번져 갔습니다. 군인들이 신식 총과 탄약을 가지고 의병에 들어 오면서부터 의병부대는 무기도 좋아지고 정식 군인처럼 싸우는 훈련도 받았습니다. 점점 의병 투쟁은 일본군과 맞서 싸우는 전쟁으로 바뀌어 갔습니다. 많은 백성도 먹을 것과 돈을 대 주며 의병을 도와주었습니다.

일본군은 최신 무기를 가지고 있었지만, 의병에게 번번이 당했습니다. 길을 잘 알고 있는 의병이 숨어 있다가 갑자기 나타나서 공격한 다음, 재빨리 도망치는 작전을 쓰며 일본군과 맞서 싸웠습니다.

우리나라 백성이 힘들게 농사지은 쌀을 일본으로 빼돌리는 것을 막기 위해 쌀 수출에 앞장서는 상인도 혼내주었습니다. 일본 헌병이 있는 부대, 경찰서, 군청 등을 부수기도 했습니다. 또 일본을 도와주는 관리나 경찰도 공격했습니다.

1908년에는 전국에 있는 의병을 한 곳에 모아 서울로 진격해 가기로 했으나 실패하고 말았습니다. 그러나 의병은 수그러들지 않고 전라도 지방을 중심으로 전보다 더 거세게 들고 일어섰습니다. 그러자 일본은 강력한 토벌 작전을 벌였습니다. 닥치는 대로 백성을 죽이며 의병을 궁지로 몰고 갔습니다.

이제 나라 안에서 더 이상 싸울 수 없게 되자 의병은 어쩔 수 없이 흩어지고 말았습니다. 남은 의병은 압록강과 두만강을 건너 만주와 연해주로 옮겨 갔습니다. 이들은 나중에 독립군이 되었습니다.

빼앗긴 나라를 되찾기 위해 애쓰던 사람은 우리나라도 힘을 길러야 한다고 생각하게 되었습니다. 힘센 나라가 되려면 우선 백성을 가르쳐서 깨우치고, 산업을 키워야 한다고 믿었습니다. 그래서 시작된 운동이 '애국계몽운동'이었습니다.

일본이 황무지 개척권을 요구하자 황무지를 개척한다는 핑계로 나라 땅을 차지한다며 시위를 벌이고 저항했습니다. 이때 많은 애국계몽운동 단체가 생겨나 활발하게 활동했습니다. 그 단체는 많은 신식학교를 세웠습니다. 신식학교 수가 무려 2천개를 넘을 정도였습니다. 그래서 새로운 학문을 가르치고 나라를 사랑하는 마음을 키웠습니다.

신문과 잡지도 백성을 교육시키고 깨우치는 데 큰 몫을 했습니다. 신문과 잡지를 통해 새로운 지식과 정보를 백성에게 전해 주었고, 일본 식민지 정책을 비판하기도 했습니다. 또한 공장과 회사를 세워 나라 경제를 발전시키기 위해 노력했습니다. 산업 발전은 교육과 함께 나라를 강하게 만드는 지름길이기 때문입니다.

전국에서 일본에 진 나라 빚을 갚자는 국채보상운동도 일어났습니다. 온 국민이 모두 참여해 모금 운동을 벌였습니다. 담배를 끊어 모은 돈, 반찬값을 아껴 모은 돈 등도 있었습니다. 또한 우리나라에서 만든 물건을 사용하자는 물산장려운동을 벌이기도 했습니다.

이러한 애국계몽운동은 백성 가슴에 애국심을 심어 주어 수많은 독립운동가가 나오게 되었습니다.

 1. 일본에게 빼앗긴 나라를 되찾기 위해 우리나라 사람은 어떤 노력을 했나요?

요즘 사람은

안중근을 기려요.

▶ 안중근은 죽기 전에도 감옥을 지키는 간수에게까지도 존경을 받았고, 지금까지도 일본과 우리나라 사람에게 존경 받고 있습니다. 안중근을 기리는 일에 대해서 알아봅시다.

　안중근 의사가 하얼빈에서 이토 히로부미를 사살한지 100년이 지났습니다. 2010년에는 안중근 의사 순국 100주년을 기념하는 뮤지컬, 오페라, 국제학술대회, 평화마라톤, 안중근웅변대회 같이 많은 행사가 열렸습니다.

　안중근 평화 마라톤이란 이름으로 2008년부터 마라톤 대회도 열리고 있습니다. 안중근 의사가 품었던 애국정신과 평화정신을 되살리자는 의미를 지닌 마라톤입니다. 안중근 학술 세미나도 열립니다. 안중근 의사가 내세운 평화 사상을 바탕으로 남북이 하나가 되어 평화통일을 하는 방법을 생각하기 위한 모임입니다.

　중국, 미국, 호주, 영국, 일본 등 해외동포가 2008년부터 안중근 의사 동상을 만들고 있습니다. 항일독립운동 본거지였던 만주 펑톈에서 만들어지고 있는 안중근 동상은 역사적인 현장인 하얼빈 역을 거쳐 뤼순 감옥과 재판소에서 제사를 지낸 뒤, 서울에 세워질 예정입니다. 앞으로 10년 동안 동상 12개를 더 세우려고 계획하고 있습니다.

　안중근 의사는 남한과 북한 사람 대부분이 존경하는 독립 운동가입니다. 그래서 북한과 남한에서 각각 발행한 우표 인물 가운데에도 안중근 의사가 있습니다. 북한과 남한에 안중근 의사는 기념비와 동상도 있습니다.

　우리나라 사람 뿐 아니라 일본 사람 가운데에도 안중근을 기리는 사람도 있습니다. 안중근이 뤼순 감옥에 있을 때 그 곳에서 안중근을 보았던 일본 간수 지바 도시치는 안중근이 품었던 애국심과 훌륭한 인품에 큰 감동을 받았습니다. 지바 도시치는 안중근 의사 위패를 모셔놓고 제사를 직접 지냈습니다. 그러다가 죽을 때 유언으로 자식에게 안중근 의사 제사를 계속 지내달라는 부탁을 했습니다.

생각하기

1. 안중근 의사가 순국한지 백여 년이 지난 지금까지 안중근 의사를 기리는 사람이 많은 까닭은 무엇일까요?

91

한글을 쓰기 편하게 만든

주시경
(1876년~1914년, 국어학자)

🔊 역사 연대기
1896년 〈독립신문〉을 만듦
1910년 한일병합조약이 맺어짐

🔊 학습목표
1. 주시경이 한 일을 알 수 있다.
2. 훈민정음에서 한글까지 우리 글 역사를 알 수 있다.
3. 내 이름을 한글 이름으로 바꾸어 볼 수 있다.

한글을 쓰기 편하게 만든 주시경

　주시경은 황해도 평산에서 태어났습니다. 아버지에게 한문을 배우다가 열세 살 때 큰아버지 집에 양자가 되어 서울로 갔습니다.
　서울에 있는 이희종 진사 집에서 아이 대여섯 명과 공부를 하고 있을 때였습니다.
　주시경은 아이들이,
"자왈, 학이시습지면 불역열호아."
라고 한문으로 읽을 때는 알아듣지 못하다가,
"공자께서 말씀하시기를 배우고 때로 익히니 기쁘지 아니한가."
로 뜻을 풀어주면 알아듣는 것을 보고 어려운 한문 공부를 그만 두고 우리글을 연구해야겠다고 마음먹었습니다.
　주시경은 배재학당에 들어갔습니다. 배재학당은 미국인 선교사 아펜젤러가 세운 학교로 우리나라에서 처음으로 서양 학문을 가르친 곳입니다. 주시경은 이곳에서 세계지리와 역사, 영어를 배우면서 틈나는 대로 우리말과 글을 연구했습니다.
　배재학당에는 서재필이 있었습니다. 서재필은 미국에서 의학 공부를 했는데 우리나라로 돌아와 사람을 깨우치기 위해 애쓰고 있었습니다. 이때는 둘레에 있는 여러 나라가 우리나라를 손에 넣으려 했고, 조정에서는 제대로 맞서지 못하고 있었습니다.
　서재필이 국민에게 세상 소식을 전해주기 위해 〈독립신문〉을 만든다며 주시경에게 도와 달라고 했습니다. 주시경은 사람이 세상 소식을 잘 알려면 쉬운 한글로 신문을 만들어야 한다고 생각했습니다. 그래서 신문에 한글로 된 부분을 맡아 만들었습니다.

　〈독립신문〉이 나오자 많은 사람이 읽게 되었고, 세상에 눈을 뜨게 되었습니다. 하지만 나라를 다스리는 사람은 자신이 하는 일을 꼬집는 〈독립신문〉이 마음에 들지 않았습니다. 그래서 신문을 없애려고 신문 만든 사람을 감옥에 가두기도 했습니다. 주시경은 윤치호, 남궁억 등과 힘을 합쳐 신문을 지켜냈습니다.

살아있는 인물 열어가는 역사

 주시경은 7년 넘게 영어, 수학, 지리, 역사 같은 서양 학문뿐만 아니라 항해술, 측량술 같은 기술도 배웠습니다. 어렸을 때부터 가난하게 살았기 때문에 무슨 일이든지 배워두면 살아가는 데 도움이 될 것이라고 생각했기 때문입니다.
 공부를 마치고는 우리글을 가르치고 연구하는 데 힘을 쏟았습니다. 보따리에 책을 싸들고는 가르치고 연구하기 위해 다니는 주시경을 보고 '주보따리'라고 부르기도 했습니다.
 주시경은 우리글을 가르치고 다니면서 부족한 것이 많다고 느꼈습니다.
 '우리글을 바로 쓰려면 우리말로 된 사전이 있어야 하는데……'
 우리글을 연구하고 사전도 만들어야 한다며 나라에 연구소를 세워달라고 했습니다. 이렇게 해서 '국문연구소'가 세워지게 되었습니다. 주시경은 그동안 언문이라고 부르던 우리글을 으뜸 글자라는 뜻으로 '한글'이라는 이름을 붙였습니다. '한'은 크고 넓고 깊다는 뜻입니다.
 일제가 우리나라를 빼앗은 한일병합조약이 맺어지자 한 학생이 눈물을 흘리며 주시경에게 말했습니다.
 "이제 우리나라는 망했습니다."
 그러나 주시경은,
 "일본이 가져간 것은 껍질뿐이네. 우리가 민족정신과 혼을 지켜나가면 다시 일어설 수 있을 것이네."
라며 위로했습니다.
 일본은 주시경과 뜻을 같이 하는 사람이 만든 단체를 문 닫게 하고 감시했지만, 주시경은 한글 연구를 멈추지 않았습니다. 단체를 만들고 강연회를 열어 사람을 깨우치고 가르치는 운동을 계속 해나갔습니다. 또 국문연구소에서 만들던 우리글 사전도 계속 만들었습니다. 그러나 주시경은 우리글 사전을 완성하지 못하고 서른아홉에 죽고 말았습니다. 우리글 사전은 해방이 되어 조선어학회 학자가 완성해서 ≪조선말 큰사전≫으로 펴내게 되었습니다.

1. 주시경이 만든 '한글'이라는 말에는 어떤 뜻이 담겨 있나요?

한글을 지켜라, 조선어학회

　세종대왕은 '백성을 가르치는 바른 소리'라는 뜻으로 '훈민정음'을 만들었습니다. 하지만 그 때에는 훈민정음이 제대로 된 이름으로 불리지 못하고 '언문', '반절', '암글'이라며 무시당했습니다. 연산군 때 임금이 잘못한 일을 지적하는 한글 벽서 사건이 나자, 연산군은 모든 백성에게 한글을 쓰지 못하게 하고 한글로 된 책을 불태워버리면서 한글을 박해했습니다.

　1894년 갑오개혁 때 '법률 명령은 다 국문으로 본을 삼고 한문 번역을 붙이며, 혹 국한문을 혼용한다.'는 법이 공포되었습니다. 이때부터 한글이 나라글로 자리 잡게 되었습니다.

　주시경은 제대로 대접받지 못하던 우리글을 '한글'이라 불렀습니다. '국문동식회'라는 한글 연구단체를 만들어 한글을 과학적으로 연구했습니다. 또 나라에서 만든 '국문연구소'에서도 열심히 우리말과 글을 연구했습니다.

　1896년 4월 7일, 민간단체인 독립협회에서 순 한글로만 쓰는 〈독립신문〉을 발간했습니다. 최초로 만든 민간신문인 독립신문은 순 한글쓰기와 띄어쓰기를 해서 한글맞춤법을 한 단계 더 발전시키는 역할을 했습니다. 한글맞춤법이 발전하자 한글을 쓰는 것도 더욱 편해졌습니다.

　1910년, 일본에게 주권을 빼앗긴 우리나라 사람은 우리말이라도 지키려고 애를 썼습니다. 주시경이 죽고 나서는 임경재, 이규방, 권덕규, 장지영, 신명균, 이상준, 김윤경, 최현배, 이병기, 이희승 등을 중심으로 한글학자가 모여서 '조선어연구회'를 만들었습니다. 조선어연구회는 우리말과 글을 널리 알리려고 ≪한글≫이라는 잡지를 펴냈습니다. 그러나 일본은 온갖 방법으로 잡지를 펴내지 못하게 막았습니다.

　조선어연구회에서는 1926년 음력 9월 29일을 '가갸날'이라 했습니다. 9월 29일은 1446년에 세종대왕이 훈민정음을 반포한 날입니다. 가갸날은 1945년부터 10월 9일로 날짜도 바꾸고 이름도 '한글날'이 되었습니다.

　1931년 조선어연구회는 '조선어학회'로 이름을 고쳤습니다. 그리

살아있는 인물 열어가는 역사

고 1933년 '한글 맞춤법 통일안'을 발표했습니다. 조선어학회에서는 《조선말 큰사전》을 펴내는 일을 시작했습니다.

일본은 우리 나라를 빼앗은 다음 학교에서 일본어를 국어라고 했습니다. 학교에서도 일본어만 가르쳤습니다. 그리고 원래 우리 국어인 조선어 과목은 없애버렸습니다. 우리말을 아예 쓰지도 못하게 했습니다. 말도 글도 일본어만으로 하게 했습니다. 우리말과 글이 사라져야 우리 민족정신도 사라진다고 생각했기 때문입니다.

일본은 우리말을 가르치고 사전을 펴내려고 하는 조선어학회를 눈엣가시처럼 여겼습니다. 그래서 문을 닫게 할 빌미를 찾고 있었습니다.

1942년 조선어학회 사건이 터졌습니다. 함흥 영생고등여학교 학생이 쓴 일기가 문제가 되어 정태진 교사가 경찰서에 붙잡혀 가게 되었습니다. 정태진은 그때 조선어학회에서 조선어사전 펴내는 일을 하고 있었습니다. 경찰은 정태진을 고문했습니다. 심한 고문을 견디지 못한 정태진은 조선어학회가 민족주의 단체라고 말해 버렸습니다. 이 일로 조선어학회 간부였던 이중화, 정태진, 이윤재, 최현배, 이희승 등과 조선어학회에 관계된 사람 33명이 나라를 위태롭게 했다는 죄로 붙잡혀 갔습니다.

이들은 유치장에 있으면서 세 달 동안 온갖 고문을 당했습니다. 그리고 감옥에 갇히게 되었고, 감옥에서 죽은 사람도 있었습니다. 이 일로 《조선말 큰사전》을 펴낼 수 없게 되었습니다.

1945년에 우리나라가 해방이 되었지만, 그동안 일본이 우리말과 글을 쓰지 못하게 해서 한글로 된 교과서가 없었습니다. 그래서 조선어학회는 《한글첫걸음》이라는 책을 냈고 《초등 국어 교본》 《중등 국어 교본》 같은 교과서를 펴냈습니다. 1947년에는 《조선말 큰사전》 첫 권을 펴내게 되었습니다.

조선어학회는 '한글학회'로 이름을 바꾸고 그동안 잃어버렸던 우리말 회복 운동에 나섰습니다. 맞춤법을 가르치고 일본 말 몰아내기, 어려운 한자말을 우리말로 고치기 같은 일을 했습니다.

1. 조선어학회에서 한 일은 무엇인가요?

 요즘 사람은

고운 한글 이름을 지어요.

▶ 주시경 선생이 훈민정음을 한글로 이름을 바꾸어 부르면서 회사 이름도 사람 이름에도 한글로 된 예쁜 이름들을 많이 짓게 되었습니다. 내 이름도 한글로 바꾸어 봅시다.

토요일 점심때 진이 친구가 진이네 집에 놀러왔습니다.

"엄마, 내 친구 빛나야. 한 달 전에 전학 왔어."

"안녕하세요?"

"그래, 어서 와. 이름이 예쁘네. 누가 지어준 이름이니?"

"우리 엄마가요."

빛나 얼굴이 빨개지며 대답했습니다.

"이름처럼 환하고 빛나는 사람이 돼야겠네."

엄마가 농담처럼 웃으며 말했습니다. 그러자 빛나 얼굴빛이 어두워졌습니다.

"전 이 이름이 싫어요."

빛나가 싫어하는 모습을 보이자 엄마는 조금 미안해졌습니다.

"빛나야, 아줌마는 네 이름이 정말 예뻐서 그런 거야. 한글 이름이 얼마나 예쁜데?"

빛나는 자기 이름 가지고 놀리는 것이 싫다고 했습니다.

빛나가 돌아가고 난 뒤에 진이는 엄마에게 자기 이름에는 어떤 뜻이 있냐고 물었습니다.

"세상에서 보배 같은 사람이 되라는 뜻이지. 우리 진이도 한글 이름으로 바꾸어 줄까?"

"뭐라고 지을 건데, 그런데 애들이 놀리면 어떡해? 난 놀림 받는 것 싫단 말이야."

"놀림 받지도 않으면서 고운 한글 이름은 뭐가 있을까?"

 생각하기

1. 내 이름은 무엇이고 그 이름에 담긴 뜻은 무엇인가요?

2. 내 이름을 한글 이름으로 바꾼다면 어떻게 바꾸고 싶나요?

92

대한독립만세를 부른

유관순

(1902년 ~ 1920년, 독립운동가)

🔊 역사 연대기

1905년 을사늑약이 맺어짐
1910년 한일병합조약이 맺어짐
1916년 유관순이 이화학당으로 전학 감
1919년 3·1만세운동이 일어남

🔊 학습목표

1. 3·1만세운동이 일어난 까닭을 알 수 있다.
2. 무오독립선언에 대해 알 수 있다.
3. 유관순이 만세운동을 한 까닭을 알 수 있다.
4. 독립공원에 대해 알 수 있다.

인물 이야기

역사 속에서 영원히 소녀로 살아있는 유관순

유관순이 태어나던 때는 외세가 우리나라를 식민지로 만들기 위해 물밀듯이 밀려들어 와서 온 나라가 무척 혼란스러웠습니다. 우리나라 사람이 외세를 물리치기 위해 있는 힘을 다했으나 유관순이 아홉 살 되던 해에 일본 식민지가 되고 말았습니다.

유관순 아버지는 나라 힘을 키우기 위해서는 새로운 사상과 종교를 빨리 받아들이고 사람을 교육해야 한다고 생각해 뜻을 모아 교회와 '흥호학교'를 세웠습니다. 학교를 세우고 운영하는 데 많은 돈이 필요했던 아버지는 일본사람에게 돈을 빌렸습니다.

그런데 돈을 빌려준 일본사람이 터무니없이 많은 돈을 이자로 달라고 하며 아버지를 찾아와 협박하고 행패를 부리는 것을 보면서 유관순은 나라 잃은 설움을 뼈저리게 느꼈습니다. 유관순은 학교에 가고 싶었으나 빌린 돈을 갚지 못해 집안이 점점 어려워져서 혼자 공부를 했습니다.

그러다가 유관순은 기독교를 전하려고 우리나라에 왔던 미국인 선교사로부터 도움을 받아 공주에 있는 학교에 입학했습니다. 그곳에서 2학년을 마치고 열다섯 살에 사촌 언니가 다니는 서울 이화학당으로 전학을 갔습니다. 유관순은 교실청소와 빨래를 하고 다른 사람을 도와주는 일에 늘 앞장섰고, 항상 밝은 모습으로 학교생활을 했습니다. 방학이 되면 고향으로 내려가 야학에서 가르치기도 했습니다. 야학이란 학교에 다니지 못하는 사람을 모아서 밤에 가르치는 학교입니다.

이화학당 보통과를 졸업하고 고등과에 입학한 어느 날 고종 황제가 돌아가셨다는 소식에 많은 학생이 술렁거렸습니다.

"왜놈에게 밀려 왕위까지 내놓으시더니……."

일본 사람이 음식에 독을 넣어 죽였다는 소문이 퍼지자 모두 흥분했습니다. 고종 황제가 갑자기 돌아가셨다는 소식에 일본 식민지가 되어 우리 민족이 당한 설움과 불만이 폭발했습니다. 손병희를 비롯한 민족 지도자는 일본으로부터 독립을 선언하기로 했습니다.

고종 황제 장례식인 3월 3일에 독립선언식을 하기로 했으나 장례식에서 그런 일을 하는 것은 도리에 맞지 않는다며 다시 3월 1일

로 정했습니다.

3월 1일, 유관순은 친구와 탑골공원에 모여든 학생과 함께 밤늦도록 '대한독립만세'를 외쳤습니다. 그러나 일본 경찰과 군인이 만세를 외치는 학생을 마구 잡아 갔습니다. 다음날도 서울에서 만세운동이 이어지자 두려움을 느낀 일본은 학교를 문 닫게 했습니다. 그리고 만세를 부르는 사람을 총칼로 위협했습니다. 학생은 고향으로 돌아가 만세운동을 펼쳤습니다. 만세운동은 전국으로 퍼져나가 온 국민이 참여하게 되었습니다.

유관순도 고향으로 갔습니다. 천안에서 아주 큰 시장인 '아우내장터'에서 장날인 4월 1일에 만세운동을 펼치기로 했습니다. 장날이 되자 유관순은 시장을 보러 온 사람에게 태극기를 나누어 주었습니다. 시장에 모여든 많은 사람 속에서 유관순은 가슴에 품었던 태극기를 꺼내 흔들며 외쳤습니다.

"대한독립만세! 대한독립만세!"

순식간에 만세운동에 참가한 사람이 3천여 명으로 불어났습니다. 당황한 일본 경찰은 마구 총을 쏘고 칼을 휘둘렀습니다. 유관순도 일본 경찰이 휘두른 칼에 찔린 채 붙잡혔습니다. 만세운동을 이끌었다며 체포되어 서대문형무소에 갇혔습니다.

유관순은 가만히 있으면 총칼이 무서워서 일본에 항복한 것으로 여길 것이라고 생각했습니다. 그래서 감옥에서도 쉬지 않고 만세를 불렀습니다. 유관순이 만세를 부르자 감옥에 갇혀 있던 사람도 따라서 만세를 불렀습니다. 일본 경찰에게 찔린 상처가 아물지 않아 고름이 흐르고 아파서 몸이 날로 약해지는데도 끊임없이 '대한독립만세'를 불렀습니다. 또 감옥에 갇힌 동지에게 용기를 북돋아 주었습니다. 일본 경찰은 유관순을 독방에 가두고 먹을 것을 주지 않았습니다. 유관순은 결국 심한 고문과 영양실조로 열일곱 살에 숨을 거두고 말았습니다.

1. 유관순이 감옥에서도 만세를 부른 까닭은 무엇인가요?

3·1만세운동이 시작되다.

3·1만세운동은 1919년 3월1일부터 시작된 독립만세 운동을 말합니다. 3·1만세운동은 하루아침에 우리나라에서만 일어난 것이 아니라, 나라 밖에서 이미 불씨가 자라고 있었습니다. 만주에서 일어난 무오독립선언을 시작으로, 일본에서는 2·8독립선언이 뒤를 이었고, 3·1만세운동이 잇달아 일어났습니다.

1919년 2월, 만주와 연해주 및 중국, 미국 등 해외에서 활동 중이던 독립 운동가 39명이 만주 지린에서 독립선언서를 발표했습니다. 이때가 음력으로 무오년인 1918년 12월이었기 때문에 '무오독립선언'이라고도 하고, '대한 독립선언'이라고도 합니다.

"정의는 무적의 칼이니 이로써 하늘에 거스르는 악마와 나라를 도적질하는 적을 한 손으로 무찌르라. 이로써 5천년 조정의 빛을 세상에 드러낼 것이며, 이로써 2천만 백성의 운명을 개척할 것이니, 궐기하라 독립군! ……"

무오독립선언서에는 몸으로 싸워서라도 독립을 이루겠다는 내용이 담겨 있습니다.

1919년 2월, 일본 도쿄에 있던 유학생이 기독교청년회관에서 웅변대회를 열어 독립을 위한 운동을 시작해야 한다고 뜻을 모았습니다. 조선청년독립단을 만들어 〈민족대회 소집청원서〉와 〈독립선언서〉를 만들었습니다. 2월 8일, 선언서와 청원서를 각국 대사관, 공사관 및 일본 정부, 일본 국회 등에 보낸 다음 기독교청년회관에서 유학생대회를 열어 독립선언식을 거행했습니다. 그러나 일본 경찰이 강제로 해산시키고 유학생 27명을 체포했습니다. 이 사건을 '2·8독립선언'이라고 합니다.

일본에서 유학생이 독립선언을 발표하였다는 소식이 나라안에도 전해졌고, 전국에서 3·1만세운동이 일어났습니다.

1919년 3월 1일에 민족대표 33명이 탑골공원에서 독립선언식을 한다는 소식에 서울에 있던 학생이 하나둘씩 모여들었으나 약속한 오후 2시가 넘어도 민족대표는 모습을 나타내지 않았습니다. 이날 민족대표는 요리집인 '태화관'으로 장소를 바꾸고 급히 독립선언식을 했지만, 신고전화를 받고 출동한 일본 경찰에게 모두 체포되었습니다. 그 사이 탑골공원에는 남녀 학생 5천여 명이 모여들었습니다.

독립선언식 장소가 바뀌어 민족대표가 나타나지 않자 모인 사람은 혼란에 빠졌습니다. 바로 그때 한 청년이 탑골공원 팔각정 단상으로 올라가 큰 소리로 독립선언서를 낭독했습니다. 황해도 해주가 고향인 정재용이었습니다. 정재용은 체포되어 2년 6개월 동안 감옥생활을 했습니다. 감옥에서 나온

살아있는 인물 열어가는 역사

뒤에는 의용단이 되어 독립운동을 했습니다.

고종 황제 장례식에 참가하려고 미리 서울에 올라 와 있던 사람까지 만세운동에 참가해 3월 1일 하루 동안 40여만 명이 만세를 불렀습니다. 평양에서도 '일본 놈, 일본군대 물러가라.'며 수천 명이 만세운동을 벌였습니다. 놀란 일본 경찰은 총칼로 사람을 위협했습니다. 감옥에 가두었고, 심한 고문과 매질을 했습니다. 평안북도 선천에서 강신혁은 일본 경찰이 무차별로 쏜 총에 맞아 목숨을 잃었습니다. 시신을 찾으러 온 부인과 딸도 무참히 죽였습니다.

박은식이 쓴 《한국독립운동지혈사》를 보면 3월 2일부터 5월말까지 3·1만세운동으로 죽은 사람 7,509명, 다친 사람 15,921명, 감옥에 갇힌 사람 47,948명, 불탄 교회 47곳, 불탄 학교 2곳, 불탄 집 715호 라고 되어있습니다. 또 '일본군은 글로 표현할 수 없을 만큼 야만스럽고 포악하게 창으로 찌르고 칼을 휘두르며 풀 베듯 하였다.'라고 적혀 있습니다.

일본 경찰에게 재판을 받고 매를 맞은 사람도 1만여 명이나 되었고, 전국에서 2백만 명이나 되는 사람이 만세운동에 참가했습니다. 이 숫자는 일본이 사실보다 줄인 것이기 때문에 실제로는 훨씬 더 많은 사람이 희생당했을 것입니다. 화성 제암리에서는 일본군이 마을 사람을 교회에 모이게 한 뒤 창과 문을 잠그고 불을 질렀고, 무차별 사격을 퍼부었습니다.

만세운동이 전국으로 퍼지자 '만세꾼'이 등장했습니다. 만세꾼은 삼베주머니로 도시락을 만들어 망태에 넣어 멀리까지 다니며 만세운동에 참가했고, 수십 명씩 같이 다니며 만세운동을 이끌기도 하며 바람몰이 역할을 하던 사람을 말합니다.

3·1만세운동으로 중국 상하이에 대한민국임시정부가 세워져 독립운동을 조직적으로 하게 되었습니다. 3·1만세운동은 전 세계 사람에게 충격을 주었고, 유럽 강대국에게 식민지 고통을 겪던 중국, 인도, 베트남 등 많은 나라 사람이 깨달음을 얻고 독립운동을 시작했습니다.

1. 만주, 일본, 우리나라에서 차례로 일어난 독립운동은 각각 무엇인가요?

요즘 사람은

독립공원이 된 서대문형무소를 다녀오다.

▶ 우리나라가 일제로부터 해방되기를 간절히 원했던 사람을 기념하기 위해 세워진 독립공원에 대해 살펴봅시다.

　삼일절은 3·1만세운동을 기념하기 위해 만든 국경일이다. 엄마가 삼일절을 기념하자며, 독립공원이 된 서대문형무소에 다녀오자고 했지만,
　"별로 안 가고 싶은데요. 재미없을 것 같은데요."
　이렇게 대답을 했더니,
　"유관순이 만세를 부르다 어린 나이에 죽어갔던 곳인데, 그런 곳을 재미로 가니?"
라는 핀잔만 들었다.
　서대문형무소는 이름이 바뀌어 서대문형무소역사관으로 부른다. 1908년 일제가 지은 근대식 감옥으로 경성감옥이라고 불렀다. 1910년에 국권을 빼앗기자 일제에 항거하는 애국지사를 체포해 가둔 곳이라고 한다. 항일투사가 늘어나자, 새로 감옥을 지어 1912년에 서대문감옥으로 이름을 바꾸었고, 그 뒤로도 여러 번 이름이 바뀌었다고 한다. 4·19혁명과 5·16군사정변 등이 일어났을 때에는 민주정치를 부르짖던 사람이 갇혔던 곳이라고 한다.
　1992년 8월 15일, 광복절 제47주년을 맞이해 감옥은 다른 곳으로 옮겨가고 독립공원으로 다시 문을 열었다고 한다.
　독립공원 안에는 서대문형무소역사관, 순국선열추념탑, 3·1독립선언기념탑, 독립문, 독립관 등이 있다. 서대문형무소역사관은 일제 탄압에 맞서 싸우다 모진 고문을 받고 돌아가신 애국지사를 기리고, 후손에게 자주독립정신을 일깨워 주는 역사교육현장으로 삼기 위해 1998년 11월에 문을 연 곳이다. 순국선열추념탑은 이봉창·윤봉길·유관순·안중근 등 애국지사들을 기리기 위해 세워졌으며, 3·1독립선언기념탑은 탑골공원에 있었는데 1992년 복원해 다시 세웠다.
　독립공원을 다녀오면서 유관순 열사를 생각하니 마음이 아파온다. 일제에 맞서 싸운 애국지사가 자랑스럽게 느껴졌고, 삼일절을 단순히 공휴일로만 여기는 내가 부끄럽게 여겨졌다.

생각하기

1. '서대문형무소역사관'을 만든 까닭은 무엇인가요?

93

서릿발 같은 기상, 뜨거운 조국애

한용운
(1879년 ~1944년, 독립운동가, 시인)

🔊 역사 연대기

1897년 대한제국이 성립됨
1909년 나철이 대종교를 만듦
1919년 3.1만세운동이 일어남
1940년 창씨개명을 실시함

🔊 학습목표

1. 한용운에 대해 알 수 있다.
2. 1920년대 독립운동을 한 민족종교에 대해 알 수 있다.
3. 한용운이 남긴 정신이 무엇인지 알 수 있다.

독립운동을 이끈 승려 시인 한용운

동네 사람은 유천을 신동이라고 부르며, 앞으로 나라를 위해 큰일을 할 아이라고 칭찬 했습니다. 유천은 한 번 본 책은 모두 기억하고, 아홉 살이 되자 어른도 읽기 힘든 중국역사책도 줄줄 읽으며, 책에서 뜻을 잘못 풀이한 곳을 찾아내 고쳐 놓을 정도로 학문이 뛰어났습니다. 아버지로부터 세상 돌아가는 형편과 훌륭한 일을 한 사람에 대한 이야기를 듣고 나라를 위해 큰 힘이 되는 사람이 되어야겠다고 결심했습니다.

유천이 열여섯 살이 되던 해 전라도 고부 땅에서 동학농민운동이 일어나 아버지와 형을 잃었습니다. 아버지가 관군이 되어 농민군과 싸우다 죽자 유천은 혼란스러웠습니다. 늘 가여운 백성을 잘 보살피고 의롭게 살아야 한다던 아버지가 농민군과 맞서 싸웠기 때문입니다. 동학농민군을 막기 위해 들어온 일본과 청나라가 우리나라를 서로 차지하려고 청일전쟁을 일으켰습니다. 서당에서 학생을 가르치고 있던 유천은 기울어져 가는 나라를 보며 더 답답해졌습니다.

'농민들도 일어나 어지러운 세상을 바꾸려 하고, 외세는 우리나라를 차지하려고 안달이다. 나라를 위해 큰일을 하겠다고 다짐했건만 나는 나라를 위해 무엇을 할 수 있을까?'

막막해진 유천은 나라를 위하는 길을 찾아 집을 떠났습니다. 훌륭한 스승이 있다는 설악산 백담사로 갔습니다. 백담사에서 유천은 낮에는 땔감을 하고, 밤에는 불경과 신학문에 대한 책을 읽으며 공부했습니다.

스물세 살 때 유천은 승려가 되었고 '용운'이라는 불교식 이름을 받았습니다. 한용운은 어느 날 오세암에서 희귀한 책 한 권을 읽었습니다. 서양 과학 기술과 지리, 역사를 소개해 놓은 ≪영환지략≫이었습니다. 그 책을 읽은 한용운은 큰 깨달음을 얻었습니다. 우리나라가 새로운 문명을 늦게 받아들였기 때문에 강한 나라가 되는 기회를 놓쳤다는 것을 알게 되었습니다.

한용운은 나라를 구하는 데 도움이 된다면 무엇이든 했습니다. 강연을 다니며 독립의식을 심어주려고 했습니다.

어느 날 만주에 갔을 때 일본 앞잡이 노릇을 하는 일진회 사람으로 오해를 받아 머리에 총을 맞았지만 마취도 하지 않고 수술을 받았습니다. 나라를 구하겠다는 의지도 더욱 꿋꿋해졌습니다.

한용운은 만주와 일본에서 만세운동이 일어나는 것을 보고, 더이상 가만히 있어서는 안 되겠다고 생각했습니다. 뜻을 같이 한 사람을 모았습니다. 이렇게 모인 사람을 민족대표 33인이라고 합니다.

1919년 3월 1일 민족 대표 33인은 서울 종로에 있는 태화관이라는 음식점에 모였습니다. 한용운은 벌떡 일어나 만세 삼창을 외쳤습니다.

"이제 우리는 조선 독립을 선언했으니 죽어도 한이 없다."

그리고 한용운과 민족대표는 일본 경찰에게 체포되었습니다. 경찰서에 끌려간 사람은 갖은 고문을 받았습니다. 사형된다는 소문이 돌자 붙잡혀간 사람은 마음이 약해져 울었습니다. 한용운은 불호령을 내렸습니다.

"나라 잃고 죽는 것이 서럽거든 당장에 독립선언 한 것을 취소하라."

한용운은 감옥에서도,

"변호사를 대지 말고, 사식을 먹지 말고, 보석을 요구하지 맙시다."

라는 세 가지 원칙을 정해두고 일본에 맞섰습니다.

내 나라를 내가 찾는 것은 잘못이 아니므로 변호를 받을 필요가 없으며, 잘 먹으려고 독립운동을 한 것이 아니므로 밖에서 넣어 주는 음식을 먹지 말자는 것이었습니다. 또 몸이 아프다는 핑계로 돈을 내고 옥살이를 면하는 것도 비겁한 짓이라고 했습니다.

한용운은 재판정에 나가서도 '내가 내 민족을 위해 스스로 독립운동을 하는 것이 백번 마땅한 노릇인데 일본인이 어찌 감히 재판하려 하느냐!'고 오히려 호통을 쳤습니다.

옥살이를 마치고도 한용운은 서릿발 같은 꿋꿋한 기개로 독립운동을 했습니다. 그리고 '님의 침묵', '복종'을 비롯한 많은 시를 써서 독립정신을 심어주었습니다.

1. 한용운이 개화에 관심을 가지게 해 준 책 이름은 무엇인가요?

독립운동에 앞장 선 민족 종교

3·1만세운동이 일어나자 일제는 힘으로 억누르는 강압통치를 부드러운 문화통치로 바꾸었습니다. 학교 선생님도 칼과 군복을 벗었고 곳곳에서 위협하던 군인인 헌병을 없애고 민간인인 경찰이 들어왔습니다. 우리말 신문과 잡지도 만들게 했습니다.

하지만 문화통치는 오히려 우리나라 사람을 감시하고 꼼짝 못하게 하려는 것이었습니다. 학교에서는 조선어 수업을 줄이고 일본어 수업을 늘려서 일본천황에게 충성하는 사람으로 만들려는 교육을 시켰습니다. 우리말 신문과 잡지는 미리 검열해 마음에 들지 않는 기사가 있으면 싣지 못하게 했습니다.

종교는 사람 마음을 하나로 뭉치게 하므로 종교 활동까지 간섭했습니다. 하지만 일제가 억압할수록 독립하려는 마음은 더욱 간절해져 독립운동은 끊이지 않았습니다. 사람을 모아 조직을 쉽게 만들 수 있었던 종교단체는 독립운동을 이끌었습니다. 종교단체는 학교를 세워 민족의식과 독립정신을 일깨우는 교육사업을 하거나 또 독립군부대를 만들어 무장독립투쟁도 했습니다. 천도교와 대종교는 외세 침략에 맞서야 한다는 생각에서 만들어진 민족종교였기 때문에 더욱 앞장섰습니다.

동학 3대 교주인 손병희는 동학을 천도교로 바꾸어 더욱 발전시키고 독립을 위해 노력했습니다. 한용운과 함께 천도교, 기독교, 불교계가 모여 3.1만세운동을 이끌었습니다. 청년회와 소년회를 만들고 야학과 강습회를 열었습니다. 잡지인 〈개벽〉과 〈어린이〉도 만들어 독립의식을 키웠습니다.

한용운은 마을과 떨어져 산속에만 숨어 있는 불교를 널리 퍼트려 사람에게 희망을 주기 위해 전국을 다니며 강연을 했습니다. 일제가 일본 불교와 합치려 하자 우리 불교를 지키기 위해 많은 승려와 반대 운동을 벌여 정신까지 지배되지 않도록 막았습니다. 고려시대 몽골 침입에 맞서 불

심으로 나라를 지키기 위해 만들었던 팔만대장경을 우리말로 풀어 쓴 ≪불교대전≫을 펴내 불심으로 마음을 모으게 했습니다.

독립운동가인 나철은 단군을 섬기는 대종교를 만들었습니다. 단군 정신을 이어받아 세상을 평화롭게 만들려고 했습니다. 나라와 민족과 종교는 하나라고 생각한 나철은 민족이 사라지면 종교도 소용이 없다고 생각했습니다. 그래서 독립운동으로 나라를 되찾는 것이 대종교인이 할 일이라고 가르쳤습니다. 대종교인은 독립운동을 열심히 했습니다. 누구보다도 먼저 민족 독립을 위해 만주에서 발표한 무오독립선언은 2·8독립선언, 3·1만세운동으로 이어지는 독립 선언에 불을 지폈습니다.

일제는 독립운동에 앞장서는 대종교를 눈엣가시로 여겼습니다. 대종교를 정식종교로 인정해 주지 않고 없애려 했습니다. 대종교는 만주로 옮겨 가서 독립군을 길러냈습니다. 대종교 지도자는 중광단, 북로군정서 같은 독립군부대를 만들어 일본과 싸웠습니다. 청산리 전투 등에서 큰 승리를 거둔 김좌진을 비롯한 독립군 병사는 대부분 대종교 신자였습니다.

간절히 독립을 원했던 사람은 대종교를 믿으며 독립에 대한 꿈을 이루려고 했습니다.

탐구하기

1. 독립운동을 이끈 종교 단체가 한 활동을 써보세요.

천도교:

불교:

대종교:

2. 일본은 사람이 종교 활동을 하는 것을 왜 간섭 했을까요?

요즘 사람은

만해를 기려요.

▶ 독립운동가로 승려로, 시인이자 언론인으로 많은 활동을 했던 한용운을 기억합니다. 그리고 그 정신을 높이 알리기 위해 여러 사람이 기념관을 세웠습니다. 심우장과 남한산성만해기념관, 만해생가, 만해마을, 백담사만해기념관 등 전국 곳곳에 만해를 기리는 기념관이 있습니다.

　일제강점기에 꿋꿋한 절개와 서릿발 같은 기상으로 우리 민족이 나아갈 길을 일러주었던 한용운은 여전히 우리 마음속에 살아 있습니다. 한용운이 살았던 곳곳에 여러 사람이 그를 기억하기 위한 기념관을 세웠습니다. 한용운 고향마을인 충청도 홍성에는 생가를 다시 세워 고장을 빛낸 자랑스런 인물로 널리 알리고 있습니다.

　강원도 설악산에서도 한용운을 만날 수 있습니다. 승려가 되기 위해 공부도 하고 시집 ≪님의 침묵≫을 쓴 오세암이 있고, 승려가 되었던 백담사에는 '만해기념관'이 있습니다. 승려로, 독립운동가로 활동한 모습과 기념관 마당에 즐비한 한용운 시비 등 소박하고 청빈한 승려로써 살았던 모습을 엿볼 수 있습니다.

　백담사 아래 만해마을은 '만해문학기념관' '문인의 집' 등이 있습니다. 이곳에서는 해마다 만해축전을 열어 한용운 문학 정신을 기리며, 시인 학교 등 다양한 문학행사들을 열고 있습니다.

　한용운이 마지막으로 살았던 집인 '심우장'은 서울 성북동에 있습니다. 조선총독부가 보기 싫다며 북향으로 집을 짓고, 일제가 주는 것은 어떤 것도 받지 않겠다며 영양실조에 걸려 쓸쓸히 죽어간 곳이지만, 뜰에 한용운이 직접 심은 향나무가 주인 기상을 닮은 듯 푸르고 곧은 모습으로 떠난 주인을 대신하고 있습니다.

　'남한산성만해기념관'은 중학교 때 처음 읽은 한용운 시에 끌려 평생 만해 한용운을 연구한 개인이 세운 곳입니다. 관장인 전보삼은 "매화꽃의 향기를 닮으면 서리와 눈을 원망하지 않는다."라는 한용운이 남긴 말을 가장 마음 깊이 새기며, 민족 자존심을 잃지 않았던 한용운 뜻을 기리고 있습니다. 이곳에서는 일제가 읽지 못하게 했지만, 한용운에게 많은 영향을 주었던 ≪음빙실문집≫ ≪영환지략≫ ≪월남망국사≫등이 있습니다. 시집≪님의 침묵≫초간본을 비롯해, 영어, 불어, 체코어 등 세계 여러 나라 말로 번역된 시집을 볼 수 있습니다.

생각하기

1. 여러 사람이 한용운을 기억하며 기념관을 세운 까닭을 생각해 보세요.

94

청산리전투에서 승리한

김좌진

(1889년~1930년, 독립운동가)

🔊 역사 연대기

1919년 3·1 만세운동이 일어남
1919년 대한민국 임시정부가 세워짐
1920년 청산리에서 독립군이 일본군을 크게 이김

🔊 학습목표

1. 김좌진에 대해 알 수 있다.
2. 청산리 전투에 대해 알 수 있다.
3. 독립군이 당한 어려움에 대해 알 수 있다.
4. 일제에게 한국인이 당한 억울한 죽음에 대해 알 수 있다.

 **인물 이야기**

독립군을 이끈 김좌진

김좌진은 부자인 양반 가문에서 태어났습니다. 그때는 나라가 힘이 약해서 일본과 여러 서양 나라에 시달림을 당할 때였습니다. 김좌진은 어려운 나라를 위해 자기가 할 수 있는 일을 찾으려고 애썼습니다.

김좌진은 나라를 튼튼하게 하기 위해서는 양반과 상놈이라는 신분제도부터 없애야 한다고 생각했습니다. 그래서 집안에서 일하는 노비를 모두 불러 모았습니다.

"오늘부터 여러분을 노비에서 풀어주겠습니다. 땅도 나누어 드리겠습니다. 여러분은 이제 우리 집안을 위해서 일하지 말고 힘을 합쳐 나라를 지켜냅시다."
라며 노비 문서를 불태워버렸습니다.

하지만 일본은 강제로 을사늑약을 맺어 우리나라를 빼앗기 시작했습니다. 그러자 많은 사람이 일본에 맞서 나라를 지키려고 나섰습니다.

'나라 힘이 약해진 것은 백성이 무지하기 때문이다. 먼저 백성을 깨우쳐야 한다.'

김좌진도 '호명학교'를 세워 학생을 가르쳤습니다. 학문뿐만 아니라 농사기술도 가르치고 무술 훈련도 시켰습니다. 백성에게 독립 의지를 키워주면서 직접 독립운동도 했습니다.

독립운동에 필요한 돈을 모으다가 들켜서 감옥에 갇히기도 했습니다. 일본 경찰이 감시를 심하게 하자 독립운동을 하기 위해 만주로 건너갔습니다.

만주에서도 의병을 모아 '북로군정서'라는 독립군 부대를 만들었습니다. 김좌진은 그 부대에서 총사령관이 되었습니다. 군인을 훈련시키는 사관학교를 만들어 독립군을 키워내기도 했습니다.

만주에 있던 독립군은 자주 두만강을 건너 우리나라로 들어와 일본군을 공격했습니다. 일본군도 독립군을 공격하려고 두만강을 건너 만주로 쳐들어갔습니다. 그리고 독립군이 많이 있던 봉오동을 공격했습니다. 봉오동에 있던 홍범도 군대는 일본군을 크게 무찔렀습니다.

더 많은 일본군이 홍범도 부대를 쫓아왔습니다. 김좌진은 홍범도와 함께 일본군을 쳐부수기 위해 작전을 세웠습니다.

계곡이 깊은 청산리 골짜기로 일본군을 끌어 들였습니다. 일본군은 독립군이 숨어있는 줄도 모르고 좁은 골짜기까지 들어왔습니다.

살아있는 인물 열어가는 역사

김좌진은 청산리 계곡 양쪽 숲에 숨어있는 독립군을 향해 소리쳤습니다.

"공격하라!"

이것을 신호로 독립군은 모두 죽을 힘을 다해 일본군을 공격했습니다. 계곡에 갇힌 일본군은 총알이 어디서 날아오는지도 모르는 채 아무 데로나 총을 쏘았습니다. 서로를 향해 총을 쏘기도 했습니다.

엿새 동안이나 이어진 전투에서 천 명이 넘는 일본군이 죽고 다쳤습니다. 독립군은 일본군보다 훨씬 수도 적고 무기도 변변치 않았지만, 오직 빼앗긴 나라를 되찾겠다는 불타는 의지로 싸워서 크게 이겼습니다. 이 싸움을 '청산리 대첩'이라고 합니다.

일본군은 청산리에서 당한 패배를 복수하기 위해 만주에 사는 우리 백성을 닥치는 대로 죽이고 집을 불태웠습니다. 우리 백성이 독립군을 몰래 도와주었기 때문입니다. 그리고 더 많은 일본군을 몰고 와 독립군을 공격했습니다. 무기와 수가 적은 독립군은 일본군을 피해 여기 저기로 흩어져 가야 했습니다.

김좌진은 만주로 다시 돌아와 독립운동을 하는 단체에서 일을 했습니다. 독립운동을 하는 사람 사이에 서로 생각이 달라서 여러 단체로 갈라지자 하나로 합치기 위해 무척 애를 썼습니다.

독립자금은 나라 안팎에 있는 사람에게 도움을 받아야 했는데 모으러 다니는 것이 위험하기도 하고 힘들기도 했습니다. 김좌진은 직접 돈을 벌어서 독립자금을 마련하기로 결심했습니다. 그래서 정미소를 차렸습니다. 이렇게 스스로 독립운동을 하기 위해 애썼지만 정체를 알 수 없는 청년이 쏜 총에 맞아 죽고 말았습니다.

1. 김좌진은 청산리에서 일본군을 이기기 위해 어떤 방법을 썼나요?

그때 사람은
어려움을 당한 독립군과 학살당한 한국 사람

　독립군은 두려움 없이 싸웠고, 나라를 지키겠다는 마음 하나로 뭉쳤기 때문에 훨씬 많은 일본군과 싸움에서도 밀리지 않았습니다. 또 뛰어난 지휘자가 있었기 때문에 크게 이길 수 있었습니다. 독립군은 전투를 하러 나갈 때 한 목소리로 독립군가를 불러 마음을 모았습니다. 이 노래는 독립군에게만 아니라 만주에 살던 우리나라 사람에게도 널리 퍼졌습니다. 만주에 살던 우리나라 사람은 독립군을 자랑스러워했고, 독립군을 많이 도와주었습니다.

　우리나라 사람은 독립군에게 먹을 것을 주기도 하고 몸을 숨겨주기도 했습니다. 일본군이 오는 것을 미리미리 알려주어 독립군이 이길 수 있도록 도와주었습니다.

　그러나 이런 승리도 잠시, 만주에 있는 독립군을 없애기 위해 일본군이 엄청나게 많이 밀어닥치기 시작했습니다. 봉오동과 청산리 전투에서 크게 진 일본군은 그것에 대한 복수로 만주에 사는 우리나라 사람을 무참히 죽이기 시작했습니다.

　일본군은 독립군이 머물 곳을 없앤다며 우리나라 사람이 사는 집과 학교를 불태웠습니다. 일본군은 아이와 어른을 가리지 않고 닥치는 대로 죽였습니다. 수천 명이 넘는 사람이 죽임을 당했습니다. 이 사건을 '경신참변'이라고 합니다.

　3천여 채가 넘는 집과 학교 수십 개가 불타고 마을이 사라졌습니다. 곡식을 불태우고 가축도 죽여서 사람이 살아갈 수 있는 터전까지 잃게 만들었습니다. 만주뿐만 아니라 연해주에 있는 우리나라 사람까지도 죽였습니다.

　청산리 전투에서 큰 승리를 거두었지만, 그 뒤에는 독립군 부대도 어려움에 처했습니다. 일본군은 만주에 수많은 군대를 보내기 시작했습니다. 이 때문에 독립군은 소련 땅인 연해주 자유시로 옮겨갔습니다. 그러나 여기에서 독립군을 지휘하는 사람끼리 의견이 달라져 서로 편을 나누어 갈라지기 시작했습니다.

　이때 일본은 소련에게 독립군을 도와주지 말라고 요구했습니다. 그 전까지는 소련도 일본에 맞서 독립군을 도와주고 있었지만, 독립군을 도와주

지 않으면 자기 나라에 오히려 이익이 될 것이라 생각하기 시작했습니다. 또 힘이 센 일본과 큰 싸움을 피하고 싶기도 했습니다. 소련은 독립군을 도와주던 마음을 바꾸었습니다. 독립군에게 무기를 버리고 소련 군대 밑으로 들어오라고 명령했습니다.

그러나 독립군들은 그것을 받아들일 수 없었습니다. 거부하자 소련군은 독립군을 공격했습니다. 소련군과 함께 독립군을 총으로 쏜 우리나라 사람도 있었습니다. 같은 민족끼리 총을 쏠 수도 없고 또 명령을 어길 수도 없어서 멍하니 서있던 독립군은 소련군 총이나 칼에 맞아 죽었습니다. 또 총을 끌어안고 강으로 뛰어들어 스스로 목숨을 끊는 독립군도 많았습니다. 이 사건을 '자유시 참변'이라고 하는데 독립군끼리 총부리를 겨눈 안타까운 사건입니다. 이때 수백 명이 넘는 독립군이 죽었고, 포로로 9백여 명이 넘게 잡혀가 강제노동소로 보내졌습니다.

이 참변을 피해 자유시를 탈출한 독립군은 만주로 돌아왔습니다. 그리고 군인을 다시 모았습니다. 만주 독립군은 다시 하나로 뭉쳤습니다. 그때부터는 군대만이 아니라 행정조직까지 갖추어 만주와 연해주에 있는 우리나라 사람을 보호해주면서 이끌었습니다.

생각이 달라 여러 단체로 나누어지고 각각 군대를 이끌기도 했지만, 나라 독립을 이루겠다는 마음은 모두 하나였습니다. 그들은 중국과 협력하기도 하면서 일본군에게 끊임없이 맞섰고 많은 전쟁에서 이겼습니다. 여러 단체는 독립운동을 할 수 있는 힘을 더 키우기 위해 계속 한 단체로 합치려고 했지만, 쉽게 되지는 않았습니다. 민족이나 사회에 대한 생각이 서로 달랐고, 또 여러 곳에 흩어져 있어 하나로 모아지기가 쉽지 않았기 때문이었습니다. 또 대한민국임시정부 같이 힘을 하나로 모을 수 있는 조직도 너무 약했습니다. 나중에 독립군은 한국광복군이라는 통일된 군대를 만들어 큰 힘을 가질 수 있게 되었습니다.

1. 자유시 참변은 무슨 사건을 말하나요?

요즘 사람은

노래로 힘을 내요.

▶ 독립군이 독립군가를 부르며 힘을 내었던 것처럼 요즘에 사람이 모여 힘을 모을 때 노래를 부르거나 구호를 외치는 것에 대해 알아봅시다.

'압록강 행진곡'은 옛날에 우리 독립군이 힘을 내기 위해 부른 노래입니다. 노래를 부르면 어느덧 힘이 나고 독립군이 가졌을 용기를 느끼게 됩니다.

일제 지배를 받을 때 독립운동을 하면서 우리나라 사람은 많은 노래를 부르며 힘을 냈습니다. 동요부터 시작해서 독립군이 행진할 때 부른 독립군가, 또 아리랑을 부르며 나라 뺏긴 설움을 함께 나누고 마음을 다졌습니다.

혁명이나 독립운동을 할 때 또는 전쟁 때 불렀던 노래를 즐겨 부르곤 합니다. 군인 노래인 군가로 쓰기도 하고, 국민에게 나라를 사랑하는 마음을 느끼게 하기 위해서, 또는 나라 노래인 국가로 쓰기도 합니다.

이렇게 노래를 함께 부르는 것은 여러 사람에게 같은 마음을 느끼게도 하고 용기와 힘을 주기도 합니다. 운동경기를 보면서 응원가를 부르거나 군인이 행진을 할 때도 노래를 부르는 까닭입니다. 또 다른 나라와 운동 경기를 할 때는 국가를 연주하고 부르기도 합니다. 같은 노래를 부르며 마음을 합치려 하기 때문입니다.

노동자가 파업을 하거나, 시위를 할 때 같이 노래를 부르면서 힘을 모읍니다.

이처럼 더 큰 힘을 모으기 위해서 구호를 외치거나 노래를 불러 서로 같은 마음을 확인하고, 용기도 냅니다.

1. 구호를 외치거나 같이 노래를 부르는 까닭은 무엇일까요?

95

어린이를 사랑한
방정환
(1899년~1931년, 아동문학가, 출판인)

🔊 역사 연대기

1919년 3·1만세운동이 일어남
1923년 ≪어린이≫ 잡지를 만듦
1926년 6·10 만세운동이 일어남
1927년 신간회가 조직됨

🔊 학습목표

1. 방정환에 대해 알 수 있다.
2. ≪어린이≫ 잡지에 대해서 알 수 있다.
3. 어린이날 선물에 대해 생각할 수 있다.

인물 이야기

어린이를 두고 가니 잘 부탁하오.

　방정환은 서울 당주동에서 부잣집 아들로 태어나 부족함 없이 자랐습니다. 그러나 아홉 살 때 할아버지가 사업에 실패하자 끼니도 제대로 먹지 못하는 형편이 되었습니다. 집안 사정이 안 좋아진 것을 모르는 방정환은 새로 이사 간 집이 좁다고 투정도 부리고, 점심밥을 싸주지 않는다고 학교에 안 가겠다며 떼를 쓰기도 했습니다.

　그러나 날이 갈수록 형편이 어려워져 열두 살인 누나가 입을 하나라도 줄인다며 시집 가는 것을 보고는 더 이상 배고프다고 불평을 하지 않게 되었고, 공부도 열심히 했습니다.

　천도교도인 아버지를 따라 천도교당에 다니던 방정환은 신분이 높든 낮든, 어른이든 아이든 모두 똑같이 귀한 사람이라는 천도교 가르침을 누구보다 열심히 실천했습니다. 이런 방정환을 눈여겨 본 천도교 교주이자 독립운동가인 손병희가 사위로 삼았습니다.

　일본에 빼앗긴 나라를 찾기 위해 방정환은 청년을 모아 비밀리에 독립운동단체를 만들였습니다.

　3·1만세운동이 일어났을 때에는, 3·1만세운동에 대한 기사를 실은 〈조선독립신문〉을 만들었습니다. 그러나 일본 경찰에 붙잡히고 말았습니다. 고문을 받다 감옥에서 풀려나왔지만, 일본 경찰이 늘 뒤쫓아 다니며 감시하자 일본으로 건너갔습니다.

　일본 대학에서 아동문학과 아동심리학을 공부하던 방정환은 일본에 빼앗긴 나라를 되찾기 위해서는 어린이가 바르게 자라야 한다고 생각했습니다.

　'지금 당장 일본에 맞서는 것은 힘들어. 어린이를 잘 키워서 나라를 강하게 해야 해. 그래야 우리나라가 독립을 할 수 있어.'

　아이들이 읽을 만한 동화책이 없는 것을 알게 된 방정환은 세계명작동화들 중에서도 재미있고, 식민통치를 받는 우리 어린이에게 꿈과 용기를 심어 줄 수 있는 작품을 골라 우리말로 옮기는 일을 시작했습니다. 이렇게 해서 우리나라 첫 동화집인 ≪사랑의 선물≫이 세상에 나왔습니다. 이듬해에는 어린이 잡지인 ≪어린이≫도 만들었습니다.

또 방정환은 일본에서 공부하던 여러 친구와 함께 아동문화운동단체를 만들기로 했습니다.

"어린이들이 설날이나 생일 같은 즐거운 날에는 색동저고리를 입잖아. 우리가 모인 것은 아이들을 위해 뭔가를 하자는 것이니까 모임 이름을 색동저고리에서 따서 색동회라고 하면 어떨까?"

윤극영 말에 모두 고개를 끄덕였습니다. 그래서 모임 이름을 '색동회'라고 지었습니다.

색동회는 열심히 어린이운동을 했습니다. ≪어린이≫지에 원고를 쓰기도 하고 강연회와 동화대회를 열기도 했습니다.

색동회 모임이 있던 어느 날 방정환이,

"일 년에 하루 정도를 어린이날로 정하면 어떨까? 제대로 대접받지 못하는 우리 어린이들이 하루 만이라도 환하게 웃으며 지낼 수 있는 날이 있으면 좋겠는데."

그러자 색동회 회원 모두 방정환 말에 찬성했습니다. 그래서 어린이날을 5월 1일로 정하고, 서울 천도교본부 운동장에서 제1회 어린이날 기념식을 열었습니다.

방정환은 ≪어린이≫지를 통해 어린이 운동과 독립 운동을 하는 것을 눈치 챈 일본 경찰이 감시를 하자, 어린이를 상대로 한 강연과 동화구연에 힘을 쏟았습니다. 이야기 솜씨가 뛰어났던 방정환이 동화를 들려준다는 소식이 전해지면 어디서나 사람이 구름처럼 모여 들었습니다. 재미있는 이야기를 하면 많은 사람이 배꼽을 잡고 웃었고, 슬픈 이야기를 하면 눈물을 흘렸습니다. 이야기가 무척 재미있다보니 오줌이 마려워도 자리를 뜨지 못하고 고무신을 벗어 오줌을 눈 일도 있었고, 감시하던 일본 경찰이 이야기를 듣다가 눈물을 흘려서 '경찰을 울린 사람'이라는 별명이 붙기도 했습니다.

이처럼 어린이를 위한 일이라면 아무리 힘들고 고단해도 쉬지 않고 일을 하느라 방정환은 건강이 아주 나빠졌습니다. 결국 서른세 살 젊은 나이에,

"검은 마차가 왔소. 어린이를 두고 가니 잘 부탁하오."

라는 마지막 말을 남기고 먼 동화나라로 떠났습니다.

 1. 방정환이 어린이를 위해 어떤 일을 했나요? (두 가지 이상 쓰세요)

그때 사람은
≪어린이≫지는 어떻게 나오게 되었나요?

옛날 사람은 어린이를 무시해도 되고 함부로 대해도 되는 존재라고 생각했습니다. 그래서 어른하고 밥상에서 같이 밥도 먹지 못하고, 바닥에 따로 밥을 차려주었습니다. 어른은 어린이를 '애놈, 애새끼, 자식놈, 애자식'이라고 낮추어 불렀습니다. 방정환은 나이많은 사람을 '늙은이', 적은 사람을 '젊은이'라고 부르는 것처럼, 어린 사람을 '어린이'라고 존중해서 부르자고 했습니다. 그런 뜻에서 잡지 이름도 ≪어린이≫라고 정했습니다.

≪어린이≫지 이전에 1908년에 출판된 ≪소년≫이라는 잡지가 있었지만, 어린이만을 위한 잡지는 아니었습니다. 그래서 방정환은 어린이만을 위한 잡지를 만들되, 교훈을 주는 이야기나 무엇을 가르치는 글보다는 어린이가 즐겁게 읽을 수 있도록 만들기로 했습니다.

처음에는 유명한 작가에게 글을 써 달라고 부탁했지만, 어린이나 보는 잡지에 글을 쓰냐며 번번이 거절당했습니다. 색동회 회원이 도와주기는 했지만, 원고가 부족해 방정환 혼자서 동화도 쓰고, 동시도 쓰면서 내용을 채워나갔습니다. 한사람이 쓴 것처럼 보이지 않게 하려고 여러 가지 이름을 사용했습니다. 깔깔박사, 소파, 잔물, ㅈㅎ생, 몽중인, 북극성 등이 방정환이 사용한 이름입니다.

'성냥팔이 소녀'같은 세계 명작 동화를 번역하기도 하고, '칠칠단의 비밀'같은 창작동화와 우리나라 옛이야기를 싣기도 했습니다. '파랑새'와 '봄이 오면'같은 어린이가 즐겨 부르는 동요와 '수건돌리기'같이 어린이가 따라 할 수 있는 재미있는 놀이도 소개했습니다. 그 가운데 방정환이 가장 정성을 들인 글은 '어린이 독본'이었습니다. '어린이 독본'은 일본 눈을 피해 민족의식을 어린이에게 심어주기 위해 쓴 글입니다.

또한 어린이 독자가 보내오는 글 중에 뛰어난 작품도 잡지에 실었습니다. 열두 살인 최순애가 쓴 '오빠생각'이나 한정동이 쓴 '따오기' 등이 잡지에 소개되면서 널리 알려지게 되었습니다. 뿐만 아니라 우리나라 아동 문학을 대표하는 작가인 윤석중, 강소천, 마해송 같은 사람도 ≪어린이≫지를 통해 등장했습니다.

하지만 ≪어린이≫지를 만드는 일은 쉽지 않았습니다. 일제가 잡지 내용을 먼저 읽어 보고 책으로 세상에 내놓아도 좋을지를 검사했기 때문입니다.

독립에 대한 내용이나 일본을 조금이라도 나쁘게 표현하는 내용은 모두 지워버렸습니다. 1923년 3월

살아있는 인물 열어가는 역사

1일을 창간 날로 정했지만, 총독부에서 원고를 일일이 검사하느라 3월 20일에야 나올 수 있었습니다. 방정환은 신문에 광고를 내서 왜 ≪어린이≫지를 냈는지 밝혔습니다.

'일본으로부터 모진 구박과 고통을 당하면서도 우리가 안타깝게 무엇을 구하려고 노력하는 것은 한 가지 희망이 남아있기 때문입니다. 그 희망이란 내일의 주인, 내일의 일꾼인 소년 소녀를 잘 키우는 수밖에 없습니다. 한 가정과 나라를 살리는 데는 이것만이 확실한 우리의 살 길입니다. 당신의 앞날과 나라의 앞날을 생각하시는 마음으로 우선 당신이 먼저 ≪어린이≫를 읽으시고, 그 책을 자녀에게 주십시오.'

처음에는 이름과 주소만 알려주면 그냥 무료로 잡지를 보내주겠다고 신문광고를 했는데도 잡지를 보내달라고 연락해온 사람은 전국에서 겨우 열여덟 명이었습니다. 그러나 방정환이 직접 잡지를 들고 나가 어린이에게 잡지 내용을 이야기해주며 나눠주자, 독자가 꾸준히 늘기 시작했습니다. 창간호는 12쪽으로 된 얇고 작은 책이었지만, 갈수록 내용도 알차지고, 부수도 늘어나 8호부터는 책 크기도 커지고 분량도 늘어나서 제대로 된 잡지 모양을 갖추었습니다.

창간한지 7년 만에 ≪어린이≫지 독자는 10만여 명으로 늘었습니다. 당시 서울 인구는 30만 명 정도이고 '조선일보'와 '동아일보'같은 신문을 5만 부 정도 찍었는데 어린이 잡지 독자가 10만 명이 넘었다는 것은 대단한 일이었습니다.

독자가 늘자 일제 검열은 더욱 심해져 어떤 때는 잡지를 몽땅 빼앗기기도 했습니다. 방정환이 경찰서에 끌려 간 적도 한 두 번이 아니었고, 감옥에 갇히기도 했습니다.

이처럼 어렵게 출간되던 잡지는 방정환이 세상을 떠나고 일제 탄압이 심해지면서 1934년 7월에 강제로 폐간이 되었다가 해방 뒤 1948년 5월에 다시 발행되었습니다. 그러나 1년 반 만인 1949년 12월 137호를 마지막으로 ≪어린이≫지는 더 이상 나오지 않았습니다.

1. ≪어린이≫지에는 어떤 내용이 담겨 있었나요?

요즘 사람은

어린이날에 기부선물을 해요.

▶ 방정환이 만든 어린이날이 요즘은 무조건 선물 받는 날로 생각하거나 어린이날 행사가 상업화되어 소비만을 위한 날이 되고 있습니다. 방정환이 처음 만들었던 뜻을 생각하면서 의미 있는 어린이날이 되기 위한 방법에 대해서 생각해 봅시다.

재은이는 어린이날인 내일, 놀이 공원에 가기로 아빠랑 약속했기 때문에 즐겁고 신났습니다.

'작년보다 올해는 키가 많이 커졌으니까 못 타본 것들 다 타봐야지. 바이킹도 꼭 탈거야. 다른 사람처럼 바이킹에 타서 만세도 불러봐야지. 그리고 또 무엇을 탈까?'

반짝반짝 눈망울을 굴리며 머릿속 가득 놀이 공원을 그려 보던 재은이는 날마다 어린이날이었으면 좋겠다고 생각했습니다.

"엄마, 어린이날 선물은 뭐예요?"

"이번 어린이날 선물은 기부선물이야. 돈이 없어서 아파도 제대로 치료 받지 못하는 아이들이 치료를 받을 수 있도록 엄마가 재은이 이름으로 돕는 거야. 재은이가 그런 친구에게 특별한 선물을 하는 거지."

"그럼, 나는 뭘 받아요?"

"방정환 선생님이 어린이날을 만든 까닭은 하찮게 여기고 제대로 먹이지도 않고 고된 일을 해야 했던 어린이를 위해 그 날 하루만큼은 어린이가 즐겁게 보낼 수 있도록 하기 위해서야. 그런데 요즘은 어린이날이라고 하면 무조건 선물 받는 날이라고 생각하지?

그건 원래 어린이날을 만드신 방정환 선생님이 생각하신 날과는 다르잖니?"

"그렇지만...."

"어린이날이 선물을 받는 어린이날이 아닌 남을 위해 나눌 줄 아는 어린이날이 된다면 방정환 선생님이 원하셨던 그런 어린이날을 실천하는 것이 되지 않을까? 재은이는 엄마, 아빠가 늘 어린이날처럼 사랑을 주고 있지만 그렇지 못한 아이도 많단다. 재은이가 그런 어려운 친구를 도울 수 있으니까 재은이도 기분이 좋아질 것 같은데."

그러나 재은이는 마음속으로 기대했던 인형을 받지 못해 한 편으로는 섭섭하기도 했습니다.

1. 재은이가 섭섭해 하는 것에 대한 자기 생각을 쓰세요.

모든 재산을 독립운동에 바친

이회영과 형제들

(1867년~1932년, 독립운동가)

🔊 역사 연대기

1905년 을사늑약이 체결됨
1907년 헤이그 특사사건이 일어남
1911년 신흥무관학교를 세움

🔊 학습목표

1. 이회영에 대해 알 수 있다.
2. 신흥무관학교에 대해서 알 수 있다.
3. 서울에서 독립운동을 흔적을 찾을 수 있다.

독립을 위해서는 인재가 필요하다.

　이회영은 영의정 여섯 명과 좌의정 한 명이 나온 명문 집안에서 여섯 형제 가운데 넷째로 태어났습니다. 아버지 이유승은 이조판서를, 큰아버지 이유원은 영의정을 지내고 있었습니다. 이회영이 태어났을 때는 일본이 조선을 침략하기 위해 호시탐탐 기회를 엿보고 있었고, 서양 배와 군대가 강화도로 쳐들어오는 등 나라가 어수선했습니다. 이회영은 벼슬을 하는 것보다 젊은이를 올바르게 가르치는 일이 나라를 더 강하게 만드는 길이라고 생각했습니다. 그래서 상동교회 청년학교에서 애국계몽활동을 하며, 신민회를 조직했습니다.

　일제가 을사늑약을 맺어 우리나라를 강제로 빼앗으려 하자, 이회영은 헤이그에 특사를 보내서 세계 여러 나라에 알리고 도움을 청하자고 고종 황제에게 청했습니다. 특사가 뜻을 이루지 못하자, 이회영은 우리 스스로 힘을 기르는 길 밖에 없다고 생각했습니다. 일제가 군대까지 해산시켰으므로 이 땅에서는 군대를 키울 수 없다고 생각한 이회영은 나라 밖에서 독립군을 키운 다음, 전쟁을 통해 나라를 되찾아야겠고 생각했습니다. 그래서 만주로 가서 군인간부학교를 세울 장소를 찾았습니다.

　그러는 동안 일제는 한일병합조약을 맺고 대한제국을 식민지로 만들어 버렸습니다. 일제는 높은 관리를 모두 귀족으로 받들어 주고 엄청난 돈도 주었습니다. 또 부부동반으로 일본여행을 시켜주었습니다. 일본 편만 들면 재산을 더 늘릴 수 있고, 양반 지위도 누릴 수 있었습니다. 그러나 이회영은 단호히 거절하고 형제를 모두 불러 모았습니다.

　"슬픈 일입니다. 이제 한일병합이라는 큰 변을 당해 나라가 왜놈 손에 넘어가버렸으니. 명문 자손인 우리 형제가 왜놈 밑에서 목숨을 구걸한다면 짐승과 다를 바 무엇이겠습니까?"
라며, 온 가족이 만주로 망명해 독립운동에 몸을 던지자고 말했습니다. 둘째 형인 이석영도 주먹을 불끈 쥐었습니다.

　"나는 왜놈이 다스리는 땅에서는 쌀 한 톨도 먹지 않겠다. 나라를 잃어버려 이제 노예와 다름없는데, 어찌 이 땅에서 살 수 있겠는가?"

　그 말을 들은 다른 형제도,

"그동안 우리 가문은 높은 벼슬을 많이 해 은혜를 받았으니 이제 나라를 위해서 일을 해야 합니다."
라며 찬성했습니다. 그래서 여섯 형제는 만주로 떠나기로 했습니다. 둘째형인 이석영은 영의정을 지낸 이유원에게서 많은 재산을 물려받았습니다. 이유원은 조선에서 열 손가락 안에 드는 갑부였는데, 99칸 집과 자기 집안만을 위한 절도 있을 정도였습니다. 학교를 세우려면 많은 돈이 들었기 때문에 형제는 모든 재산을 팔았습니다. 그들이 갑작스레 처분한 재산은 40만원이었는데, 소 1만 3천 마리를 살 수 있을 정도로 많은 돈이었습니다.

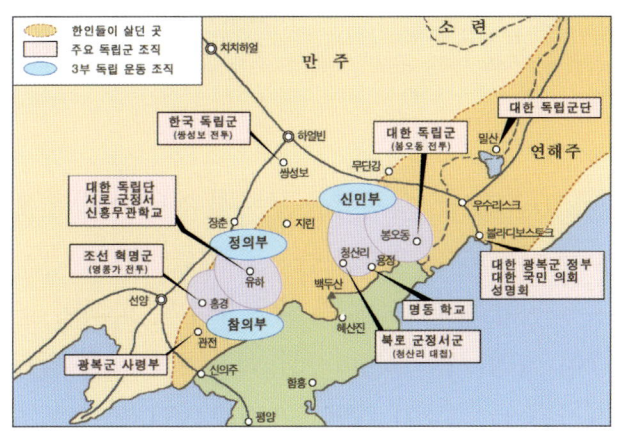

추운 겨울에 조선을 떠나 만주로 간 이회영과 형제는 가지고 간 돈으로 땅을 사고, 건물을 지어 신흥무관학교를 세웠습니다. 이곳이 처음으로 만들어진 독립군 양성학교입니다. 이회영은 이곳에서 10년 동안 독립군 3천여 명을 길러냈습니다. 수업료와 생활비는 전부 무료였습니다. 나라를 되찾기 위해 싸우려는 청년에게 돈을 받을 수 없다고 생각했기 때문입니다.

이회영과 형제는 만주는 물론이고, 베이징, 톈진, 상하이를 오고가면서 수많은 독립운동을 도왔습니다.

하지만 고국에서 가져온 돈이 떨어지자, 비참한 생활을 할 수밖에 없었습니다. 끼니를 굶기가 일쑤였고, 학교에 다니던 자식 옷까지 팔아 생계를 이을 정도였습니다.

이회영은 일본 관리를 암살하기 위해 상하이에 갔다가 경찰에 체포되어 고문 끝에 죽었으며, 이석영은 끼니를 잇지 못하다가 굶어 죽었습니다. 나머지 형제도 독립운동을 하다가 죽었는데, 동생인 이시영만이 해방된 뒤에 고국으로 돌아올 수 있었습니다.

1. 이회영이 만주에 신흥무관학교를 세운 까닭은 무엇인가요?

독립군 양성소, 신흥무관학교

　1910년 12월, 압록강을 무사히 건넌 이회영 일행은 지린에 자리 잡았습니다. 교통이 편리하고, 중국 사람도 많이 다니는 곳이었습니다. 그곳에서 독립운동 단체를 만들고, 무장독립투사를 키우기 위한 신흥강습소를 세웠습니다. 학생이 늘어나 학교를 넓혀야 했지만, 중국 사람은 한국 사람이 몰려들면 일본이 쳐들어올까봐 땅을 팔지 않으려 했습니다. 그래서 이시영은 베이징으로 가서 중국 총통인 위안스카이를 만나 담판을 짓고, 독립운동기지를 세울 땅을 얻었습니다. 1911년 인적이 드문 퉁화현 합니하로 옮겼습니다. 이름도 신흥학교로 바꾸었습니다.

　신흥학교는 본과와 특별과가 있었는데, 본과는 중학교육이었으며, 특별과는 군대를 이끄는 지휘관을 키워내는 반이었습니다. 1913년에 학교가 다 지어지자, 학교 이름을 다시 신흥무관학교로 바꾸고 교육기간도 더 길게 늘였습니다.

　신흥무관학교에서는 전문 군사 교육 뿐 아니라 우리나라 역사와 지리, 과학 등도 자세히 가르쳤습니다. 체육 시간에는 추운 겨울에 강 건너기, 퉁화현 70리 걷기, 축구 등을 하며 체력을 단련시켰습니다.

　신흥무관학교 교육은 매우 엄격해 늦은 밤에 비상훈련도 하고, 비상나팔이 울리면 바로 싸울 준비를 갖춰야 했으므로 무기와 군복을 모두 갖춘 채로 잠을 자야 했습니다. 전쟁이 나면 바로 싸우러 나갈 수 있도록 평소에도 훈련을 했던 것입니다.

　학생은 새벽 6시부터 일어나 점호를 받고 하루 종일 군사교육과 훈련을 받았습니다. 오후엔 수업 외에 영농활동이란 것을 했는데, 학교 살림에 보태려고 산비탈을 갈아 밭을 만들고 한겨울에도 허리까지 차는 눈을 헤치고 땔감을 구했습니다. 이것을 학·병·농 투쟁이라 했습니다.

살아있는 인물 열어가는 역사

신흥무관학교는 어려운 가운데에서도 꾸준히 발전해 백두산 기슭에 분교도 세웠습니다. 신흥무관학교를 졸업한 사람은 동창회 모임을 만들어 계속해서 독립운동을 이끌었습니다.

1919년 3·1만세운동이 일어난 뒤에는 독립운동을 하려는 사람이 점점 늘어나 신흥무관학교로 더 많이 오게 되었고, 학생 수가 무려 600명이나 되었습니다. 학생이 늘어나자 더 넓은 곳으로 학교를 옮겨야 했습니다. 합니하에 있는 학교는 그대로 두고 다른 곳에 더 큰 학교를 세웠습니다.

신흥무관학교가 1920년 8월에 문을 닫을 때까지 길러낸 독립군 지휘관은 3천 5백여 명이나 되었습니다. 이 독립군은 나중에 봉오동전투, 청산리전투에서 큰 공을 세웠습니다. 홍범도, 김좌진, 김규식, 지청천 등이 이끈 대한독립군단 독립군 3천여 명도 신흥무관학교 출신이었습니다.

그러나 일본과 소련이 몰래 약속을 하고는, 우리 독립군 부대를 자유시에 모이게 한 다음, 강제로 무기를 빼앗고 흩어지게 했습니다. 소련군은 이에 맞서는 독립군을 죽이거나, 포로로 잡았습니다. 이때 희생된 독립군도 대부분 신흥무관학교 출신이었습니다. 이 '자유시 참변'으로 신흥무관학교는 문을 닫게 되었고, 만주 땅에서는 독립군 활동도 어려워졌습니다. 신흥무관학교는 더 이상 드러내놓고 군인을 키울 수가 없게 되었습니다.

그러나 이 인재는 나중에 임시정부로 들어가 광복군이 되었고, 독립군을 이끄는 훌륭한 지휘관이 되었습니다.

 탐구하기

1. 신흥무관학교에서 독립군을 더 이상 길러내지 못했던 까닭은 무엇인가요?

요즘 사람은

서울에서 독립운동 흔적 찾기

▶ 독립을 위해 이 땅을 떠났던 이회영이 살았던 곳은 어디일까요? 지금은 서울 중심가가 된 그곳을 찾아보고 독립운동가에 대해 생각해 봅시다.

신우는 엄마와 함께 명동에 갔습니다. 명동에는 옷을 파는 상점 말고도 여러 가지 볼거리도 많았기 때문에 시간 가는 줄 모르고 구경했습니다. 전에 왔을 때는 없었던 새로운 건물이 많이 생겨서 점점 더 멋진 모습으로 변해가고 있었습니다.

"엄마, 여기는 사람이 많아서 장사도 잘되니까 돈도 많이 벌 것 같아요."

"아무래도 사람이 많이 다니는 곳이니까, 당연하겠지! 그래서 이곳 땅값이 우리나라에서 가장 비싸단다. 금싸라기 땅이라고 부르기도 해."

"아, 그래요?"

"저기 명동성당이 보이네. 그 앞쪽에 YWCA 건물이 있는데 그 곳부터 이 명동성당까지 땅을 가진 분이 계셨단다. 바로 이회영 선생님이지."

"와! 그분은 굉장한 부자시겠네요."

"그렇겠지? 그런데 이회영 선생님은 일본이 우리나라를 강점하자, 이런 재산이 필요 없다며 모두 팔아 만주로 독립운동을 하러 가셨다는구나."

신우는 이회영 선생님 아버지가 심어놓았다는 은행나무를 올려다보면서 나라를 되찾기 위해서 모든 것을 포기했던 이회영 선생님이 참 대단하게 느껴졌다.

엄마는 신우에게 서대문역사공원에도 들렀다 가자고 했다. 서울은 아픈 역사가 숨어 있는 보물지도 같다는 생각이 들었다.

생각하기

1. 독립운동을 위해 전 재산을 팔아 만주로 간 이회영 형제에 대한 자기 생각을 써 보세요.

97

조국 독립을 위해 폭탄을 던진

이봉창
(1900년~1932년, 독립운동가)

역사 연대기
1920년 경신참변이 일어남
1923년 관동대지진이 일어남
1931년 일본이 만주사변을 일으킴

학습목표
1. 이봉창의사에 대해 알 수 있다.
2. 토지조사사업과 관동대학살에 대해 알 수 있다.
3. 재일한국인에 대해 생각해 볼 수 있다.

인물 이야기

내가 일본 왕에게 폭탄을 던졌소.

농부였던 이봉창 아버지는 일본에 논밭을 빼앗기고 막일을 하며 하루하루 먹고 사는 노동자가 되고 말았습니다. 어머니도 삯바느질을 해야 할 정도로 집안 형편이 어려웠습니다. 이봉창은 학교도 제대로 다니지 못하고 열다섯 살부터 돈을 벌기 위해 닥치는 대로 일을 해야만 했습니다. 일본 사람이 운영하는 과자가게나 약국에서 점원으로 일하고, 용산역에서 힘든 노동도 했습니다.

그 당시 우리나라는 일본 지배를 받고 있었기 때문에, 일본 사람이 우리나라에 들어와서 자기들 마음대로 하고 있을 때였습니다. 그래서 우리나라 사람은 일본 사람에 비해 많은 차별을 받았습니다.

이봉창은 성실하게 일했지만, 일본 사람이 받는 돈에 비해 반 밖에 받지 못했습니다. 그러면서 일본 사람에게 늘 무시당했습니다. 이봉창은 일본에 가서 일하면 조금 나을 것이라 생각하고 일본으로 건너갔습니다. 그러나 일본에서는 더 심하게 우리나라 사람을 차별했습니다.

이봉창은, '앞으로는 일본 사람인 척 하며 살아야지. 사람 대접 받고 살려면 그 길 밖에 없어.'라는 생각으로 일본 사람이라고 속이고는 가게에 취직을 했습니다.

이봉창은 일본말을 아주 잘 했기 때문에 일본 사람인 척 하는 것은 어렵지 않았습니다. 이름도 '기노시타'라는 일본식으로 바꾸었습니다. 그렇게 하면 편하게 살 수 있을 거라고 생각했지만 그렇지가 않았습니다. 일본 사람에게 무시당하는 우리나라 사람을 바라보면서 마음이 괴로웠습니다. 자신이 너무 비겁하게 느껴졌습니다.

어느 날 이봉창은 일본 친구와 일본 왕 즉위식을 구경하러 갔다가 조선 사람이라는 것 때문에 열흘 넘게 감옥에 갇혀 있기도 했습니다. 일본에게 나라를 빼앗겼기 때문에 많은 설움을 당한다는 것을 가슴 깊이 느끼게 되었습니다. 결국 이봉창은 일본 사람으로 살아가려는 마음을 버렸습니다.

그래서 독립을 위해 목숨을 바치기로 결심하고 중국 상하이로 갔습니다. 대한민국 임시정부를 찾아가 김구를 만났습니다.

살아있는 인물 열어가는 역사

"선생님, 제가 상하이에 온 것은 사람답게 살기 위해서입니다. 저도 조선 독립을 위해 일하고 싶습니다."

이봉창은 김구가 만든 독립운동단체인 한인애국단원이 되었고, 일본 왕을 죽이는 임무를 맡게 되었습니다. 이봉창이 일본 왕을 없애기 위해 동경으로 떠나기 전 작은 모임이 열렸습니다. 죽음을 향해 다가가면서도 태연하게 웃고 있는 이봉창을 보면서 김구는 마음이 아파 고개를 들 수가 없었습니다.

마지막으로 기념사진을 찍으며 이봉창은,

"선생님, 웃으십시오. 저는 영원한 즐거움을 얻으러 떠나는 길입니다. 기쁘게 사진을 찍어주세요."

라며 활짝 웃었습니다.

모든 준비를 마친 뒤, 이봉창은 일본 동경으로 갔습니다. 새해맞이 행사에 참석하기 위해 거리로 나오는 일본 왕을 보려고 많은 사람이 모여 있었습니다. 이봉창은 주머니 속에 수류탄을 숨기고 일본 사람 속에 섞여 있었습니다.

왕을 태운 마차가 가까이 다가왔을 때 수류탄을 힘껏 던졌습니다. '콰앙'하고 땅을 흔드는 것 같은 큰 소리가 났고, 여기저기서 비명 소리가 들렸습니다. 그러나 수류탄은 소리만 컸을 뿐 별다른 피해를 입히지는 못했습니다.

일본 경찰이 다른 사람을 붙잡으려고 하자 이봉창이

"나요, 내가 폭탄을 던졌소."

라고 나서며 자기를 잡아가라고 했습니다. 이봉창은 '대한독립만세!'를 크게 외친 뒤 경찰에 잡혔습니다. 이봉창은 재판에서,

"나는 조선 민족을 대표해서 일본 왕에게 폭탄을 던졌소. 우리나라가 독립을 이루기를 바라기 때문이오."

당당하게 밝히고, 서른두 살 젊은 나이로 순국했습니다.

1. 이봉창이 독립 운동을 하게 된 까닭은 무엇인가요?

그때 사람은

일본 식민지 아래에서 차별받던 사람

　일본은 우리나라를 식민지로 만들면서 철도를 연결해 주고, 기차역을 만들어준다는 구실로 많은 땅을 강제로 빼앗기 시작했습니다. 그러다가 우리나라 경제권을 완전히 손아귀에 넣기 위해 1912년에는 토지조사령을 발표했습니다.

　땅을 가진 사람은 정해진 기간 안에 관청에 신고하라고 했습니다. 그러나 농민 대부분은 토지조사 사업에 대해 제대로 알지 못했고, 절차가 너무 복잡해서 제 때에 신고를 하지 못했습니다. 한자를 몰라서 신고하지 못한 경우도 있었고, 신고를 했더라도 자기 땅으로 인정받지 못한 경우도 있었습니다. 마을이나 집안에서 공동으로 쓰던 땅은 신고할 수도 없었습니다.

　토지조사사업을 하고 나자 많은 땅이 주인 없는 땅으로 변해버렸고, 그 땅 대부분은 일본 사람 손에 넘어가고 말았습니다. 우리 농민은 대대로 농사짓던 땅을 하루아침에 빼앗기고 말았습니다. 생활 터전을 잃고 살기 어려워진 농민은 산 속으로 들어가 살거나 부잣집 머슴이 되기도 했습니다. 거지가 되는 사람도 있었고, 도시로 나가 막일을 하면서 살아가기도 했습니다. 하지만 막일을 하면서도 일본 사람보다 낮은 대우를 받았습니다.

　우리나라 땅에서 살기 힘들어진 사람은 고향을 등지고 일본이나 만주, 시베리아 등지로 떠났습니다. 다른 곳에 가서 살면 조금 나을 것이라 생각했지만, 힘들기는 마찬가지였습니다. 일본으로 갔던 사람은 더 심한 차별을 받으며 살아야 했습니다. 그 대표적인 예가 관동 대학살입니다.

108

살아있는 인물 열어가는 역사

1923년, 일본 관동지방에서 큰 지진이 일어났습니다. 대지진은 일본 땅을 잿더미로 만들었습니다. 이때 일본 정부는 지진이 난 틈을 타 조선 사람이 불을 지르고 우물에 독약을 넣고, 일본 사람을 죽이고 있다는 헛소문을 퍼뜨렸습니다. 일본 정부는 아주 위험한 비상 상태라고 하며 조선 사람을 죽여 스스로를 보호하라고 부추겼습니다.

일본 군대와 경찰, 일본 사람은 우리나라 사람을 마구 죽이기 시작했습니다. 어린이, 노인도 가리지 않고 우리나라 사람이면 닥치는 대로 죽였습니다. 우리나라 사람과 일본 사람 구분이 가지 않을 때는 말을 시켜보고 발음이 다르면 그냥 죽였습니다.

일본에 있던 많은 우리나라 사람은 일을 하러 간 가난한 노동자였습니다. 이때 6천 여 명이 넘는 우리나라 사람이 죽임을 당했습니다. 지진 때문에 국민 불만이 점점 커지자, 일본 정부가 국민 마음을 다른 곳으로 돌리기 위해 이런 끔찍한 일을 저지른 것이었습니다. 우리나라 사람에게 누명을 씌워 죽이며 분풀이를 해서 국민 불만을 없애려 했던 것입니다. 우리나라 사람은 이렇게 억울하게 죽기도 했지만, 살아남은 사람은 지진으로 입은 피해를 수리하는 데 강제로 끌려 나가기도 했습니다.

일본 정부는 이 일에 대해서 사실조차 제대로 밝히지 않았습니다. 이 사건을 '관동대학살'이라고 합니다.

 탐구하기

1. 관동대지진 때 일본 정부에서 우리나라 사람이 습격해 오고 있다는 헛소문을 퍼뜨린 까닭은 무엇인가요?

아직도 차별받는 재일한국인

▶ 일제 강점기 때 일본에 갔다가 지금까지 그 곳에서 살면서, 아직도 차별받고 있는 재일한국인들에 대해서 생각해 봅시다.

"아빠, 지난번에 텔레비전에서 재일한국인이란 말을 들은 적이 있는데 재일한국인이 뭐예요?"

"재일 이란 뜻은 한자로 '있을 재'에 '일본을 뜻하는 말인 일'이니까, 즉 일본에 살고 있는 한국 사람을 말하는 거란다."

"우리나라 사람이 왜 일본에서 살아요?"

"일제 강점기 때, 일자리를 찾기 위해 일본으로 건너 간 사람도 있고, 또 징용으로 석탄 광산이나 군수 공장 등에 끌려갔던 사람도 많았단다. 그 사람이 해방된 뒤 다시 우리나라로 돌아오지 못하고 그 곳에서 계속 살게 된 것이지."

"왜 우리나라로 돌아오지 않았던 거예요?"

"우리나라가 일본에 해방이 되었을 때 무척 혼란하고 어려운 상황이기도 했고, 그 곳에서 자리 잡았기 때문에 돌아오기도 쉽지는 않았을 거야. 그래서 일부는 돌아오고 일부는 그 곳에 남아 생활하게 된 거란다."

"그런데 일본 사람은 왜 재일 한국인을 싫어하고 차별하는 거예요?"

"거기서 태어나서 자랐다고 해도 외국 사람이라고 생각하기 때문이란다. 그래서 일본 사람으로 국적을 바꾸지 않고 살 경우 실제로 여러 가지 차별을 받는다고 해. 공무원이 되기도 힘들고, 선거권도 없단다. 그리고 회사에 취직하려고 해도 잘 받아주지 않지.

그 곳에서 자란 젊은이를 재일한국인 3세, 4세라고 하는데 '나는 어느 나라 사람인가?'라는 고민을 많이 한다고 해. 한국 사람도 아니고 그렇다고 일본 사람도 아니라는 생각을 하기 때문이지. 일본에도 속하지 못하고 그렇다고 한국에 속하는 것도 아닌 것을 고민하다가 차라리 일본사람이 되자며 일본 국적으로 바꾸는 사람이 늘어나고 있단다."

1. 재일 한국인 3세 4세는 왜 '나는 어느 나라 사람인가' 라는 고민을 하나요?

98

조국 독립을 위해 불꽃이 된

윤봉길

(1908년~1932년, 독립운동가)

역사 연대기

1919년 3·1만세운동이 일어남
1926년 6·10만세운동이 일어남
1931년 만보산사건이 터짐
1932년 이봉창 의거가 일어남

학습목표

1. 윤봉길 의사에 대해 알 수 있다.
2. 윤봉길 의거 뒤 조선과 중국 관계에 대해 알 수 있다.
3. 의사와 열사에 대해 알 수 있다.

 인물 이야기

독립을 위해 불꽃처럼 타오른 윤봉길

　윤봉길은 충남 예산에 있는 이름난 양반 집안에서 태어났습니다. 어린 시절부터 서당에 다니며 글을 배우다가 열 살 무렵에는 신식교육을 받기 위해 덕산 보통학교에 들어갔습니다. 그 때 우리나라는 일본 지배를 받고 있었기 때문에 학교 선생님도 일본 사람이었습니다. 군복을 입고 옆구리에 긴 칼을 차고 일본말로 수업을 했습니다.

　학교에 들어가고 얼마 뒤 일어난 3·1만세운동을 보고 윤봉길은 큰 충격을 받았습니다. 윤봉길은 우리나라 사람을 괴롭히는 일본 사람에게 배우지 않겠다며 학교를 그만 두었습니다. 다시 서당에 들어가 한문을 배우고, 혼자 책을 읽으며 공부했습니다.

　'무식은 왜놈보다 더 무서운 적이다'

　윤봉길은 우리나라가 일본을 이기려면 우선 백성을 깨우쳐야 한다고 생각했습니다. 그래서 자기 집 사랑방에서 야학을 열고 글을 가르쳤습니다. 책을 읽으면서 공부하는 모임인 '독서회'와 농촌계몽단체인 '월진회'도 만들었습니다. 독서회와 월진회를 통해 백성에게 독립심을 불어 넣어 주었습니다.

　윤봉길이 일본에 맞서기위한 운동을 하고 있다고 생각한 일본 경찰은 윤봉길을 감시하기 시작했습니다. 광주에서 우리나라 학생이 모두 들고 일어난 광주학생의거 뒤부터 감시가 더욱 더 심해졌습니다. 윤봉길은 중국으로 가기로 마음을 굳혔습니다. 계몽운동만으로는 독립을 이루기 힘들다는 생각이 들었기 때문입니다.

　'사내대장부가 집을 나가니, 뜻을 이루기 전에는 결코 살아서 돌아오지 않으리라.'

　고 결의에 찬 편지를 남기고는 대한민국임시정부가 있는 상하이로 갔습니다.

　조국 독립을 위해 할 일을 찾고 있던 가운데, 이봉창의사 의거가 일어난 것을 보고 큰 감동을 받았습니다. 그래서 대한민국 임시정부 지도자 김구를 찾아갔습니다.

　"선생님 저는 가슴 속에 사랑의 폭탄을 간직하고 있습니다. 제 마음 속 폭탄을 조국 독립을 위해 쓰고 싶습니다."
며 한인애국단 단원이 되었습니다. 김구는 뜻을 같이 할 새로운 동지를 얻어서 무척 든든했습니다.

　얼마 뒤 일본 왕 생일을 축하하고 전쟁 승리를 기념하는 행사가 상하이 홍커우공원에서 열린다는 소식을 들었습니다. 일본군 대장과 높은 관리가 모인다고 했습니다.

살아있는 인물 열어가는 역사

"선생님 드디어 때가 왔습니다."

윤봉길과 김구는 도시락과 물통 모양으로 폭탄을 만들어 여러 번 실험하면서 철저하게 준비했습니다. 윤봉길은 모든 준비를 마친 뒤 훙커우공원으로 출발하면서 차고 있던 시계를 풀어 김구에게 건네주었습니다.

"제 시계는 6원짜리인데 선생님 시계는 2원짜리이니 바꾸어 차시지요. 제 시계는 앞으로 한 시간 밖에 쓸 수 없으니까요"

한 시간이 채 되기 전에 폭탄을 던지고 자결하거나 체포되어 죽게 될 것이기 때문입니다.

윤봉길이 차에 올라타자, 김구는 젊은이 한 명을 또 죽게 만든다는 생각에 목이 메어 울먹이며 마지막 인사를 했습니다.

"후일 지하에서 다시 만납시다."

윤봉길도 차창 밖으로 고개를 숙였습니다.

촉촉한 봄비가 내리는 훙커우공원에서는 경축행사가 시작되고 있었습니다. 윤봉길은 일본 사람처럼 보이기 위해 한 손에 일장기를 들었습니다. 하지만 한 손에는 도시락폭탄을 들고 어깨에는 물통폭탄을 멘 채 경축행사장으로 들어갔습니다.

모인 사람이 묵념을 하느라 눈을 감고 있을 때 앞으로 달려 나가 단상을 향해 폭탄을 던졌습니다. 그 자리에 있던 일본군 최고사령관을 비롯한 일본군 대장과 높은 관리 여러 명이 죽거나 크게 다쳤습니다.

폭탄을 던진 윤봉길은 '대한독립만세!'를 외치며 그 자리에서 자결하려고 했습니다. 그러나 바로 체포되어 두 번이나 기절할 만큼 심하게 두들겨 맞으며 끌려갔습니다. 법정에 선 윤봉길은,

"너희들은 나를 재판할 자격이 없다. 내 목숨을 거둘 수는 있을지라도 내 독립정신을 죽이지는 못할 것이다."

라는 마지막 말을 남기고 스물다섯 살 나이로 순국했습니다.

1. 윤봉길은 왜 고향을 떠나 상하이로 갔나요?

그때 사람은

조선과 중국이 하나 되어 일본에 맞서다.

일본 침략에 화가 난 우리나라와 중국은 힘을 모아 일본에 맞서려고 했습니다. 그러자 일본은 조선과 중국을 갈라놓기 위해 '만보산사건'을 터뜨렸습니다.

만주 만보산 근처에 사는 우리나라 사람이 벼농사를 짓기 위해 중국 사람에게 땅을 빌린 다음, 물길을 내는 공사를 했습니다. 그러자 중국 사람이 자기 땅에 피해가 생긴다며 못하게 막았습니다. 일본은 군대를 보내 공사를 방해하는 중국 사람을 쫓아내고는 중국 사람이 우리나라 사람을 죽였다는 거짓 소문을 퍼뜨렸습니다. 그러자 우리나라 사람이 인천과 평양에서 중국 사람 백 여 명을 죽였습니다. 그 보복으로 중국 사람이 만주에 있는 우리나라 사람을 죽였습니다. 중국과 우리나라가 원수처럼 맞서게 되었습니다. 이것을 만보산사건이라고 합니다.

일본이 만주를 침략해 '만주국'이라는 나라를 세우고 지배하게 되면서 독립운동이 어려워지는데 만보산사건까지 터지자 만주와 중국에서 벌이던 독립운동도 점점 어려운 처지에 놓이게 되었습니다. 중국 정부도 대한민국 임시정부에 대한 지원을 끊어 버렸습니다.

대한민국 임시정부도 별다른 활동을 못하고 사기가 많이 떨어져 있었습니다. 김구는 독립운동에 힘을 불어 넣을 수 있는 기회를 만들어야 한다고 생각했습니다. 그래서 '한인애국단'이라는 단체를 만들었습니다. 김구가 단장을 맡았고, 이유필, 안공근, 김석 등이 간부였으며, 그 밑에 여러 단원을 두었습니다.

살아있는 인물 열어가는 역사

한인애국단 이름으로 첫 번째 활동을 한 사람은 이봉창 의사였습니다. 두 번째 큰 활동으로 윤봉길 의사가 도시락 폭탄을 던졌습니다. 두 사람이 목숨을 걸고 일으킨 의거는 일본, 중국은 물론 전 세계를 깜짝 놀라게 했습니다.

윤봉길 의사가 일으킨 의거를 보고 중국 국민당 장개석 주석은,

"중국 백만 군대가 하지 못한 일을 한 청년이 해냈다."

며 크게 칭찬했습니다. 장개석은 김구를 만나 독립을 위해 도움을 주기로 약속하고 김구를 일본으로부터 보호해 주었습니다. 중국 땅에서 우리 독립군이 활동 할 수 있도록 적극 도와주었습니다. 활동경비와 의복, 식량, 숙소, 교통비 등을 지원 받을 수 있게 되었습니다. 또한 중국 육군학교에서 우리나라 청년이 훈련을 받을 수 있게 해 주었습니다.

중국 사람은 윤봉길 의거가 일어난 뒤 우리나라에 감사하며 독립운동을 적극적으로 도와주었습니다. 힘이 빠져 있던 임시 정부는 다시 힘을 얻을 수 있게 되었습니다. 만보산사건으로 사이가 좋지 않았던 우리나라 사람과 중국 사람도 관계가 다시 좋아지게 되었습니다. 만주에 있던 독립군은 중국 사람과 함께 힘을 모았습니다. 우리나라 사람 중국 사람 가리지 않고 일본에 맞서는 모든 세력을 한데 묶어 '동북항일연군'이란 군대를 만들기도 했습니다. 두 나라 군대는 합동 작전을 벌이며 일본군과 맞서 싸웠습니다.

탐구하기

1. 윤봉길 의사 의거가 일어난 뒤 조선과 중국 관계는 어떻게 바뀌었나요?

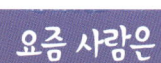

의사와 열사는 어떻게 다른가요?

▶ 의사와 열사 모두 우리나라를 위해 목숨을 바친 훌륭한 분들입니다. 의사와 열사 차이점에 대해 알아봅시다.

"엄마, 오늘 윤봉길 의사에 대한 책을 읽었거든요. 그런데 왜 의사라는 말이 뒤에 붙는 거예요?"

"정엽아, 의사가 무슨 뜻인지 혹시 알고 있니?"

"글쎄요. 설마 병원에 계신 의사 선생님이란 뜻은 아니지요?"

"당연하지, 그 의사 선생님이 아니고 의사란 '무력이나 행동으로 저항해 큰 공적을 세우고 의롭게 돌아가신 분'을 뜻하는 말이란다. 윤봉길 의사, 안중근 의사 이렇게 부르는 말을 들은 적이 있을 거야. 일제강점기 때 윤봉길 의사는 홍커우 공원에서 도시락 폭탄을 던져 일본군 대장 여러 명을 없애며 독립투쟁을 했기 때문에 의사라고 부르는 거란다. 그럼 정엽아, 열사라는 말은 들어본 적이 있니?"

"네, 지난번에 도서관에서 위인전을 읽은 적이 있는데, 이준 열사라는 말이 나왔던 것 같아요. 근데 무슨 뜻인지는 잘 모르겠어요."

"응, 열사는 '직접 무력으로 행동은 하지 않았지만 죽음으로 자기 뜻을 나타내어 정신적인 저항을 하신 분'을 뜻한단다. 이준 열사, 유관순 열사 같은 분들이 계시지."

"아, 그렇게 다른 거군요."

"또 이런 뜻도 있단다. 의사는 뜻을 이루고 돌아가신 분, 열사는 자신이 품었던 뜻을 이루지 못하고 안타깝게 돌아가신 분을 의미하기도 한단다. 의사나 열사 모두 우리나라 독립을 위해 하나 뿐인 목숨을 아끼지 않으신 분이란다. 의사와 열사가 어렵게 지키고자 했던 우리나라를 더욱 사랑하는 마음을 가져야 하겠지?"

1. 의사와 열사가 어떻게 다른지 설명해 보세요.

99

역사로 민족을 깨운

신채호

(1880년~1936년, 독립운동가, 역사학자, 언론인)

🔊 역사 연대기

1894년 동학농민운동이 일어남
1910년 한일병합조약이 맺어짐
1919년 3·1만세운동이 일어남

🔊 학습목표

1. 신채호가 한 일을 알 수 있다.
2. 식민사학과 민족주의 역사학을 알 수 있다.
3. 국적을 찾은 독립운동가와 후손들에 대해 알 수 있다.

역사로 민족을 깨운 신채호

신채호는 양반집에서 태어났지만, 아버지는 벼슬이 없었고 할아버지는 서당 훈장을 했습니다. 농사지을 땅도 없어서 몹시 가난했습니다. 신채호는 할아버지 서당에서 글공부를 했습니다. 나이가 어렸지만 ≪논어≫ ≪맹자≫ 같은 어려운 책도 술술 읽고 줄줄 외웠습니다. 시도 잘 지었습니다. 마을 사람이 모두 신동이라고 부를 정도였습니다.

열세 살 때는 아버지가 갑자기 돌아가셔서 집안 살림은 더욱 어려워졌습니다. 그래도 신채호는 글공부를 열심히 했습니다. 집에 있는 책을 읽고 또 읽어 모두 외워버리자 할아버지는 신채호를 선비로 이름 난 친척집에 데려다 주었습니다. 책이 아주 많은 친척집에서도 책을 모두 외워버리자 친척 어른은 신채호를 성균관에 입학하게 해주었습니다. 성균관은 조선시대 국립대학으로 이곳에서 공부한 사람이 관리가 되어 나라를 이끌어 갔습니다. 성균관에서도 실력을 인정받았습니다.

일본이 우리나라를 차지하려고 괴롭히자 신채호는,

"나라가 위험에 빠졌는데 내가 이렇게 마음 편하게 공부만 하고 있을 때가 아니지. 앞장서서 싸워야겠다."

라며 '독립협회'에 들어갔습니다. 나라를 걱정하는 사람이 모여 '만민공동회'를 열자 감옥에서 나온 신채호는 앞으로 나서서 잘못된 나랏일을 바로잡아야 한다고 주장했습니다. 만민공동회에 참여하는 백성이 늘어가자 정부에서는 불안해하며 강제로 해산시키고 열심히 참가하는 사람을 감옥에 가두었습니다. 신채호도 감옥에 갇히게 되었습니다.

신채호는 〈황성신문〉에 들어가 사람을 깨우치는 글을 많이 썼습니다. 그리고 〈대한매일신보〉에도 글을 썼습니다. 일본이 잘못한 것을 따지고 어떤 속셈이 있는지를 알리고, 친일파를 꾸짖는 글이었습니다.

또 신채호는 역사 속에서 나라를 구한 이순신이나 을지문덕 같은 이야기도 많이 썼습니다. 일본 때문에 위태로워진 나라에 살고 있던 사람은 그런 이야기를 읽으며,

"우리도 힘을 합쳐 일본에게서 나라를 지켜내자."

힘을 얻고 다짐도 했습니다.

신채호는 역사를 제대로 밝히고 가르치는 것이 가장 큰 독립운동

이라고 생각했습니다. 그래서 역사를 더 깊이 연구해 많은 글을 썼습니다. 일본은 신채호가 쓰는 글을 두려워해서 늘 감시했습니다. 언제 일본 경찰에게 잡혀갈지 몰라 중국으로 떠났습니다.

을사늑약이 맺어지자 신채호는 세수도 허리를 숙이지 않고 꼿꼿하게 서서 했습니다. 그러다 보니 옷이 젖어버렸습니다. 보다 못한 사람이 머리라도 숙이라고 하자,

"내가 허리를 숙이면 사방에 있는 일본놈이 내 절을 받는 것이니 절대로 허리를 굽히지 않겠소."

라며 듣지 않았습니다.

신채호는 만주와 연해주를 다니며 역사를 연구했습니다. 백두산과 만주 둘레에 있는 고구려 유적을 찾아보기도 했습니다. 만주에 있는 동창학교에서 학생을 가르치며 역사책을 썼습니다.

3·1만세운동이 일어나자 신채호는 상하이에서 임시정부 세우는 일에 참여했습니다. 신채호는 이번 기회에 온 국민이 일어선다면 일본을 물리칠 수 있을 거라고 생각했습니다. 그런데 모임 사람이 이승만을 임시정부 국무총리로 삼으려고 했습니다. 이승만은 자기가 무조건 대통령이 되어야 한다고 우기고 독립을 하려면 스스로 힘을 기르기보다는 힘있는 나라인 미국에게 도움을 받아야 한다고 했습니다.

신채호는 옛날에 신라가 당나라를 끌어들여 삼국통일을 했지만 다시 당나라와 싸워야 했고 고구려 땅은 빼앗겼던 것처럼 다른 나라에 의지하면 더 힘들게 된다는 것을 알고 있었습니다. 그래서 신채호는 이승만이 대통령이 되자 임시정부에서 나와 버렸습니다.

신채호는 스스로 독립을 할 수 있는 길을 찾기 위해 독립운동 단체를 만들고 활동했습니다. 그러다가 일본 경찰에 체포되고 말았습니다. 10년 형을 받고 뤼순 감옥에 갇혔습니다. 감옥에서 고된 일을 하며 감시를 받았지만, 책을 읽고 역사책을 썼습니다. 8년 동안 감옥에 갇혀 있던 신채호는 병이 들어 죽고 말았습니다. 신채호가 쓴 역사책은 ≪조선사연구초≫ ≪조선상고사≫ ≪조선상고문화사≫가 있습니다.

1. 신채호가 임시정부를 떠나게 된 까닭은 무엇인가요?

 그때 사람은

일본이 만든 거짓역사를 제대로 밝혀내다

일본은 우리나라를 지배하면서부터 우리 역사를 꼼꼼히 연구하기 시작했습니다. 우리나라를 쉽게 지배하기 위해서 역사나 풍습, 제도 등을 알아야 했기 때문입니다. 그리고 우리나라 역사를 엉터리로 만들기 위해 '조선사편수회'라는 관청을 만들었습니다.

'조선 청소년들이 그들 역사, 전통, 문화를 알지 못하게 하라. 그럼으로써 민족혼과 민족문화를 잃어버리게 하라. 침략을 당하고 항복한 것, 중국에 조공을 바쳤던 것, 서로 편을 나누어 싸운 당파싸움 등을 들추어내고 부풀려서 조선 사람에게 가르침으로써 청소년이 그 부모와 조상을 무시하게 만들어라. 그래서 자기 나라 사람과 역사를 깔보게 만들어라. 그런 다음 일본 문화와 역사를 가르치면 자연히 일본을 좋아하게 될 것이다. 그렇게 하면 조선 사람도 일본 사람처럼 될 것이다.'

이렇게 생각을 정한 조선사편수회는 1910년부터 전국에서 관리와 경찰들을 앞세우고 서점과 향교, 서원, 가정집 등을 샅샅이 뒤져 책을 찾아 모았습니다. 그리고는 조선을 멍청한 나라로 만들기 위해 역사를 다시 썼습니다. ≪조선사≫ 37책, ≪조선사료총간≫ 20종, ≪조선사료집진≫ 3책 등이 만들어졌습니다.

이 엉터리 역사책에서 일본보다 2천년이나 앞서 단군이 세운 고조선을 없애고 우리 역사를 마음대로 만들었습니다. 우리나라가 옛날부터 다른 나라에게 늘 지배를 받아왔고, 일본에 뒤떨어진 나라이기 때문에 일본 식민지가 되는 것은 당연한 일이라고 생각하도록 만들었습니다.

이 역사책을 보고 우리나라가 일본에게 지배받는 것이 당연한 일이라고 여겼습니다. 또 우리 민족은 서로 뭉칠 줄도 모르고 자기만 잘난 체 하는 수준 낮은 민족이라고 여기게 되었습니다.

하지만 신채호는 그것이 터무니없는 거짓말이라고 했습니다. 우리 민족이 세운 첫 번째 나라는 고조선이며 그 뒤를 이은 나라가 고구려이고, 발해까지 드넓은 만주 땅을 다스렸다고 했습니다. 백제는 요서지방과 중국 산둥반도, 일본까지 힘을 뻗쳤습니다. 그리고 옛날에 일본을 발전시킨 것도 고구려, 백제, 신라가 문화를 전해주었기 때문이라고 했습니다.

조선사편수회

또 신라가 삼국을 통일하려고 당나라를 끌어들여 백제와 고구려를 멸망시키고 고구려 영토를 잃은 것은 큰 잘못이라고 했습니다. 신라가 통일하고부터 고려가 세워질 때까지를 통일신라라고 부르지만 '발해·신라 양국시대'로 불러야 한다고 주장했습니다. 이것은 영토를 한반도 안으로 좁힌 통일신라에서 벗어나 발해를 우리 역사로 한 것입니다.

만주벌판을 두루 다니며 고구려와 발해 유적을 둘러본 신채호는 사라져버린 좋은 전통을 찾아냈습니다. 우리 옛 조상이 한자리에 모여서 하늘에 제사를 지내고, 춤과 노래, 무예와 지혜를 겨루던 전통을 '낭가'라고 했습니다. 우리 고유 사상은 유교가 아니라 낭가사상이라고 했습니다. 고구려 조의와 선인제도, 백제 수사제도, 신라 화랑제도가 바로 낭가였으며 낭가정신이 전쟁에서 다른 나라를 이기는 힘이 되었다고 했습니다. 이런 좋은 전통이 그대로 남아있었다면 나라를 빼앗기는 일은 없었을 것이고, 지금이라도 잃어버린 낭가사상을 되살려야 빼앗긴 나라를 되찾을 수 있다고 주장했습니다.

우리나라는 원래부터 생각이 뒤떨어지고 게으른 나라가 아니라 일본이 우리나라를 지배하기 위해 엉터리로 만든 역사라는 것을 밝혀냈습니다.

탐구하기

1. 일본이 조선사편수회를 만든 까닭은 무엇인가요?

2. 신채호는 우리 전통사상을 무엇이라고 했나요?

요즘 사람은

국적을 찾았어요.

▶ 일본이 강제로 우리나라를 점령했던 때에 독립운동가는 우리나라 독립을 위해 싸우느라 가족을 돌보지 못했습니다. 독립이 된 뒤에도 독립운동가와 후손은 우리나라로 돌아오지 못하고 다른 나라에서 설움을 받고 살았습니다. 돌아오지 못한 독립운동가 후손에 대해서 생각해 봅시다.

　1912년 일본은 조선을 통치하기 위해 '조선민사령'이라는 법을 만들었습니다. 신채호는 한 집안 사람을 대대로 적은 책인 족보를 무시하고 일제가 만든 호적에 이름을 올릴 수 없다며 신고를 거부했습니다. 신채호뿐만 아니라 독립운동가 200~300명이 지금까지 국적이 없는 상태로 남아있었습니다. 국적이란 어느 나라 사람이 될 자격을 말합니다. 광복 후 정부는 일본이 만든 호적에 이름을 올린 사람에게 대한민국 국적을 주었고, 호적이 없었던 사람은 당연히 국적을 얻지 못했습니다.

　독립운동가 후손은 제대로 대우도 받지 못하고 삶도 편안하지 못했습니다. 신채호 첫째 아들 신수범은 죽을 고비를 몇 번이나 넘겨야 했습니다. 고철장사, 넝마주의, 부두노동자 같은 험한 일을 하다가 결국 아버지가 갔던 북만주로 갔습니다. 둘째 아들 신두범은 영양실조로 죽었습니다. 신수범은 신채호 국적을 찾으려고 했으나 찾지 못하고 결국 1991년에 죽고 말았습니다. 2009년 4월 제90주년 대한민국 임시정부수립 기념식에서 신채호를 비롯한 독립운동가 예순한 명이 호적을 갖게 되었습니다. 8월에는 독립운동가 후손 마흔한 명이 대한민국 국적을 갖게 되었습니다. 1907년 홍범도 장군과 함께 의병활동을 했던 차도선 후손 5명, 1919년 경북 안동군에서 민세운동을 앞장서서 했던 박진선 후손 4명, 1905년 을사늑약을 맺을 때 반대하는 상소운동을 벌였던 오주혁 선생 후손 4명 등입니다.

생각하기

1. 독립운동가 후손에게는 어떤 대접을 해주어야 할까요?

100

민족을 이끈 스승
안창호
(1878년~1938년, 독립운동가)

🔊 역사 연대기
1898년 독립협회가 만민공동회를 엶
1907년 평양에 대성학교를 세움
1919년 대한민국 임시정부가 세워짐

🔊 학습목표
1. 안창호에 대해 알 수 있다.
2. 을사늑약 뒤에 일어난 교육운동에 대해 알 수 있다.
3. 미국에 있는 안창호 기념물에 대해 알 수 있다.

밥을 먹어도 잠을 자도 대한독립을 위해

평양 대동강에 있는 도롱섬에서 태어난 안창호는 꾀도 많고 영리한 장난꾸러기였습니다.

어느 날 여름 안창호는 노랗게 잘 익은 참외밭을 보고 참외가 먹고 싶은 생각에 입 안 가득 군침이 돌았습니다. 그래서 한 가지 꾀를 내었습니다.

"아저씨! 우리 할아버지가 회초리를 들고 쫓아오고 있어요. 제발 저 좀 숨겨 주세요."

"저기 밭고랑에 가서 숨어있어라."

라고 마음씨 좋은 참외밭 아저씨가 말하자, 노랗게 잘 익은 참외가 주렁주렁 달린 밭고랑 속에 숨어서 안창호는 참외를 실컷 따 먹었습니다.

집에 돌아와 참외밭에서 있었던 일을 자랑하자,

"또다시 거짓말을 할 테냐?"

어머니는 회초리로 종아리를 때리면서 야단을 쳤습니다. 그때부터 안창호 가슴속에는 거짓말하면 안 된다는 생각이 깊이 새겨졌습니다.

열여섯 살이 되던 해에 청일전쟁으로 백성이 고통 받는 모습을 본 안창호는 나라 힘을 길러야 한다고 생각했습니다. 그러기 위해서는 공부를 해야 된다는 것도 깨달았습니다. 새로운 학문을 공부해서 지식을 쌓은 안창호는 나라와 민족을 위해 일생을 바치기로 결심했습니다.

을사늑약이 맺어졌다는 소식에 이승훈, 양기탁, 이동휘 등 독립 운동가와 함께 신민회를 만들었습니다. 신민회는 비밀리에 나라를 위해 일하는 단체였습니다.

"독립은 다른 나라 힘으로 얻어지는 것이 아닙니다. 우리 민족 스스로가 힘을 키워야 독립이 얻어지는 것입니다."

안창호는 독립정신을 심어주기 위해 전국을 돌아다니며 연설을 했습니다. 안창호는 누구나 알아들을 수 있도록 쉬운 말로 연설을 했기 때문에 듣는 사람마다 모두 감동을 받았습니다. 연설을 할 때는 항상 일본 경찰이 찾아와 감시를 했습니다. 안창호가 하는 연설이 총을 들고 일본군에 맞서는 독립군보다 더 일본 사람을 두렵게 했기 때문입니다.

나라가 바로 서고 힘을 키우기 위해서는 교육이 먼저라고 생각한 안창호는 평양에 대성학교를 세웠습니다. 안창호는 기회가 있을 때마다 대성학교 학생에게,

"죽더라도 거짓이 없어야 합니다. 농담으로라도 거짓말을 하지 마십시오. 꿈에서라도 거짓말을 했거든 깨어나서라도 반성하십시오."
라며 아무리 작은 일이라도 거짓말을 하지 말라고 강조했습니다. 몸소 실천도 했습니다.

한일병합이 된 뒤에는 일본 경찰을 피해 중국, 러시아, 미국을 돌며 독립운동을 펼쳤습니다. 미국에서는 '흥사단'이라는 단체를 만들어 무실역행을 강조했습니다. 무실역행이란 맡은 일을 성실히 하되 힘을 들여 성의껏 행동하자는 뜻입니다.

상하이로 옮겨 독립운동을 벌이던 안창호는 윤봉길 의사가 홍커우공원에서 폭탄을 던진 일과 관계있다는 죄로 일본 경찰에게 체포되어 감옥에 갇혔다가 석방되었습니다. 그 뒤에도 자신과 이야기만 해도 죄 없는 사람을 무조건 체포하는 일본 경찰 때문에 안창호는 사람이 없는 깊은 산골에 집을 짓고 살았지만, 이곳까지 많은 사람이 가르침을 듣기 위해 찾아왔습니다. 그러자, 일본 경찰은 안창호를 중심으로 독립운동을 벌일까봐 두려워 안창호를 다시 체포했습니다. 재판정에 있던 일본 검사가 안창호에게 물었습니다.

"앞으로도 계속 독립 운동을 할 거요?"

그러자 안창호는 웃으며 큰 목소리로 대답했습니다.

"그렇소. 내가 밥을 먹는 것도 대한독립을 위해서고, 잠을 자는 것도 대한독립을 위해서요. 이것은 내 목숨이 없어질 때까지 변함이 없을 것이오."

다시 감옥에 갇힌 안창호는 모진 고문 때문에 건강이 아주 나빠졌습니다. 그러자 일본 경찰은 서둘러 석방시켜 주었습니다. 만약 안창호가 감옥에서 죽기라도 하면 우리나라 사람이 가만히 있지 않을 것 같았기 때문입니다.

그러나 몸이 약해질 대로 약해진 안창호는 나라가 독립되는 것을 보지 못한 채 병원에서 예순 한 살 나이로 세상을 떠났습니다.

탐구하기

1. 안창호가 미국에서 세운 단체 이름은 무엇인가요?

 그때 사람은

교육으로 나라를 구하자!

을사늑약으로 나라를 빼앗길 위기에 빠지자 교육으로 나라를 구하자는 운동이 일어났습니다. 사람을 교육시켜서 민족의식을 키우기 위해서였습니다. 이처럼 교육에 대한 관심이 높아졌으나, 나라에서 세운 학교에서는 이미 일본이 우리나라 학생을 일본 사람으로 만들기 위한 교육을 시작하고 있었습니다.

학교를 일본 사람 마음대로 하기 위해 학교마다 일본 사람을 교감으로 앉혔습니다. 그리고 그동안 없었던 일본어를 필수과목으로 정해서 우리나라 말도 채 배우지 못한 어린이에게 일주일에 6시간을 가르쳤습니다. 5~6년이던 초등학교 교육기간도 4년으로 줄여 어린 학생이 교육을 제대로 받지 못하도록 했습니다.

그래서 국민이 스스로 돈을 모아 학교를 세우기 시작했습니다. 우리나라 독립을 위해서는 똑똑하고 애국심 넘치는 청년을 많이 키워야 한다고 생각했기 때문이었습니다. 안창호가 세운 대성학교와 이승훈이 세운 오산학교를 비롯해 전국에 5천 개가 넘는 사립학교가 세워졌습니다.

평양 대성학교는 독립 운동을 할 사람과 선생님을 길러 내기 위해 만든 곳이었습니다. 안창호는 이곳에서 성실한 생활을 바탕으로 해 학생에게 애국사상을 심어주려고 했습니다. 그래서 아침 조회 때마다 직접 지은 애국가를 부르게 했습니다. 어떤 공부를 하더라도 반드시 애국심을 가르치도록 했습니다. 또 학생에게 수영, 등산, 축구, 야구 등을 가르쳐 몸을 튼튼하게 하고 군대처럼 군사훈련도 했습니다. 대성학교가 중학교였지만, 실제로 그 학교에 다닌 학생은 20~30대 어른이었기 때문에 힘든 훈련을 받을 수 있었습니다. 대성학교에서 애국심을 배우고 군사 훈련을 받은 사람은 나중에 나라를 위한 독립운동에 앞장섰습니다.

그러나 일본은 애국심을 가르치는 사립학교를 없애기 위해 1908년 '사립학교령'을 만들었습니다. 학교를 세우려면 총독부에 허락을 받도록 만들었습니다. 교과서도 총독부가 만든 것을 써야 하며 총독부가 허락하지 않은 책으로는 가르치지 못하게 했습니다. 사립학교를 누구나 세울 수는 있었지만, 총독부가 정해준 까다로운 조건을 갖춰야만 했습니다.

〈평양 대성학교 교사와 학생들〉

살아있는 인물 열어가는 역사

학교가 세워진다 하더라도 총독부 말 한마디면 언제든지 문을 닫아야 했습니다. 사립학교는 점점 설 자리를 잃어갔습니다. 그래서 5천개 이르던 사립학교가 1910년에는 2,250개로 절반이 넘게 줄어들었습니다.

한일병합이 된 뒤에는 우리나라 민족성을 없애기 위해 학교에서 우리나라 말과 글 대신 일본어를 국어라고

하면서 가르치도록 했습니다. 보통학교는 일주일에 수업이 26~27시간이었습니다. 그 가운데 국어는 일주일에 10시간을 배워야 했고, 우리나라 말과 한문은 '조선어와 한문'으로 부르며 일주일에 5~6시간밖에 배우지 못했습니다. 선생님은 일본어로 학생을 가르치고 우리나라 말은 사용하지 못하게 했습니다. 역사 시간에도 우리나라 역사와 지리가 아니라 일본 역사와 지리를 배웠습니다. 그리고 일본인 선생님이나 우리나라 선생님이나 군복을 입고 옆구리에 긴 칼을 차고 수업을 했습니다.

이처럼 사립학교에 대한 간섭이 심해지고 일본어만 배워야 하는 학교가 늘어나자 학교에 보내고 싶지 않은 사람은 서당에 보내기 시작했습니다. 원래 서당에서는 한문과 도덕을 주로 가르쳤지만, 우리나라 말과 산수, 체조 등도 가르치기 시작하였고, 일본이 엄격히 금지시키고 있던 우리나라 역사와 지리를 가르쳐 민족교육을 시킬 수 있었습니다. 이처럼 서당이 민족교육을 담당하기 시작하자 일제는 1918년 3월 서당에서도 일본어를 가르치도록 하는 '서당규칙'을 만들어 우리나라 역사 교육을 금지하고 서당을 탄압했습니다.

그러나 사립학교, 서당 등을 통한 민족교육운동은 우리나라 사람에게 민족의식을 불어넣고 자주 독립을 해야 한다는 생각을 심어주는 데 중요한 역할을 했습니다.

 1. 우리나라 사람이 세운 사립학교를 쓰세요.

요즘 사람은

도산 안창호 이름, 미국에서도 빛냈다.

▶ 민족을 이끈 스승으로 존경받았던 도산 안창호가 남긴 가르침을 잊지 않기 위해 만들어진 기념물은 많이 있습니다. 우리나라 뿐만 아니라 미국에서도 그가 보여준 애국정신을 기리기 위해 만들어지는 기념물에 대해서 알아봅시다.

  서울 강남구에 있는 도산대로와 도산공원은 도산 안창호가 지녔던 나라를 사랑하는 마음을 기리려고 만든 곳입니다. 안창호를 기념하는 곳은 미국에도 있습니다.

  안창호가 미국에 왔을 때 한국 사람은 더럽고 싸움질만 일삼는다며 미국 사람에게 무시를 당하고 있었습니다. 안창호는 지저분하고 더러운 집과 거리를 매일 청소하고 사람이 싸우지 않고 서로 힘을 합하게 하려고 노력했습니다. 성실함을 보여주는 것이 조국 독립을 위한 일이라고 생각했기 때문입니다. 차츰 다른 한국 사람도 안창호를 따라 하기 시작해 그 뒤 미국 사람은 한국 사람을 부지런하고 성실한 민족으로 생각하게 되었습니다.

  이렇게 미국에 사는 한국 사람을 위해 노력한 것을 기념해 2001년 8월 11일 미국 LA 동부 리버사이드 시청 앞 광장에 안창호 동상이 세워졌습니다. 그리고 이 날을 '도산 안창호 날'로 지정했습니다. 또한 한국인으로는 처음으로 미국 LA 한 복판을 가로지르는 고속도로에 '도산 안창호 메모리얼 인터체인지' 표지판이 세워졌습니다.

  코리아타운 6가에는 '도산 안창호 우체국'도 있습니다. 우체국 안에는 안창호 초상화와 업적이 새겨진 액자가 함께 걸려있습니다.

  2005년에는 '굿 사마리탄 병원(Good Samaritan Medical Center)'에 한국 사람 전용 병동인 도산홀이 문을 열었습니다. 굿 사마리탄 병원은 미국에서 50번째 안에 들 정도로 큰 병원입니다. 도산홀은 한국식 이불과 한지로 벽지를 사용해 우리나라 느낌이 나도록 꾸며져 있습니다.

생각하기

1. 미국에 안창호를 기념하는 것들이 있으면 좋은 까닭은 무엇일까요?

> 역사를 짚고 가요

28. 서양이 쳐들어오다

　19세기 초반 무렵부터 조선해안에 서양 배가 나타나기 시작했다. 이상하게 생긴 서양 배라는 뜻으로 '이양선'이라고 불렀다. 난파되어 밀려오거나, 식량과 물을 구하기 위해서 오기도 했다. 조선 사람은 외국인에 대한 반감이 별로 없었기 때문에 하멜처럼 난파된 배에 타고 있던 선원을 구해주거나 필요한 물건을 주기도 했다.

　19세기 후반 무렵부터는 서양 제국주의 나라가 식민지를 만들기 위해서 동양으로 밀려들었다. 해안을 측량하거나 통상을 하자고 요구했다. 아들을 고종으로 앉히고 권력을 잡은 흥선대원군은 서양과 통상을 하지 않는 정책을 썼다. 천주교도 탄압했다.

　프랑스 신부를 죽인 병인박해에 대한 복수를 한다면서 1866년에 프랑스군이 강화도로 쳐들어왔다. 서울로 향하는 프랑스군을 문수산성에서 한성근이 막아냈다. 양헌수는 포수 부대를 이끌고 정족산성에서 무찔렀다. 겁을 먹은 프랑스군은 물러가면서 외규장각에 있던 문서와 책을 비롯해 금, 은, 무기 등을 훔쳐갔다. 강화 관아와 외규장각도 불태워버렸다. 이를 '병인양요'라 한다.

　병인양요가 일어나기 두 달 전에 미국 상선인 제너럴셔먼호가 대동강을 거슬러 평양으로 들어왔다. 통상요구가 거절당하자 평양유수인 이현익을 포로로 잡은 다음, 사람을 향해 총을 쏘며 난동을 부렸다. 평양 사람이 작은 배에다 화약을 실어서 제너럴셔먼호 쪽으로 띄워 보낸 다음, 폭파해 제너럴셔먼호를 침몰시켜버렸다.

　로저스가 이끄는 미군이 제너럴셔먼호가 불탄 것을 책임지라면서 1871년에 강화도 초지진으로 쳐들어왔다. 덕진진을 거쳐 광성보로 밀고 들어온 미군을 맞아 어재연이 이끄는 조선군과 의병이 맞서 싸웠으나, 결국 함락되고 말았다. 광성보를 차지한 미군이 조선에 통상을 요구했지만, 조선은 거절했다. 미군은 조선군 대장 깃발인 '수'자기를 비롯한 많은 물건을 약탈해서 물러갔다. 이를 '신미양요'라고 한다.

　1868년에는 독일 상인 오페르트가 조선에 한 통상요구가 거절당하자, 흥선대원군 아버지인 남연군이 묻혀있는 묘를 파헤치려다가 실패한 일이 벌어졌다. 이 사건으로 서양 사람은 조상 묘를 함부로 건드리는 미개한 오랑캐라고 여기게 되었다.

　프랑스와 미국이라는 서양 나라와 치른 전쟁에서 모두 승리했다고 생각한 조선은 서양을 별것 아닌 나라로 여기게 되었고, 서양문물을 받아들이지 않아도 된다는 자신감도 갖게 되었다. 서양과 통상이나 수교를 거부한다는 것을 밝히는 척화비를 전국에 세우고 쇄국 정책을 더욱 단단하게 밀고 나갔다.

29. 밀려드는 서양문물

　흥선대원군이 물러나자 쇄국정책으로는 나라를 지킬 수는 있어도 발전시킬 수는 없다는 생각에 따라 나라 문을 열었다. 강화도로 쳐들어온 운요호 사건을 계기로 1876년에 일본과 강화도

역사를 짚고 가요

조약을 맺었다. 미국과 영국과도 조약을 맺었다.

나라 문을 열자 성냥, 옥양목, 석유 같은 서양문물이 쏟아져 들어왔다. 서울과 인천, 서울과 부산을 잇는 철도도 놓였다. 전어기 또는 덕진풍이라고 부르는 전화도 개통되었다. 1887년에는 건청궁 앞에 발전시설을 설치하고 전기를 만들었다. 1899년에는 처음으로 전차가 운행되었다.

이런 서양문물은 공장에서 만드는 것이라 끝없이 들어왔다. 하지만 조선 사람은 일 년에 한번 밖에 나지 않는 쌀이나 콩을 주고 사야했다. 전차 타는 차비도 아주 비쌌는데, 전차 타느라고 가산탕진 한다는 말이 있을 정도였다.

30. 동학농민운동

서양물건을 사느라 허리가 휘는 농민은 탐관오리가 휘두르는 폭정과 관직을 사느라 들인 돈을 백성에게서 거두려는 수탈에도 시달려야했다.

고부군수로 온 조병갑은 물세를 받지 않겠다며 농민을 동원해 '만석보'를 만들고는 약속을 지키지 않고 물세를 거두어들였다. 자기 아버지 공덕비를 세운다는 핑계로 돈을 거두고, 불효자라며 불효세, 서로 사이좋게 지내지 않았다며 반목세 같은 억지 세금을 거두어들였다. 항의하는 사람은 옥에 가두고 매를 때렸다.

견디다 못한 전봉준과 농민 천여 명이 고부 관아로 쳐들어가서는 조병갑이 모아둔 곡식을 백성에게 나누어주었다. 하지만 사태를 수습하러 온 안핵사 이용태가 주동자를 잡아들이려고 했다. 전봉준을 비롯한 동학농민이 백산에서 들고 일어났다. '황토현전투'에서 관군을 물리치고, 전주성으로 들어갔다.

관군만으로는 동학농민군을 막을 수 없다고 여긴 정부에서 청나라에 군대를 요청하자, 청나라와 일본이 맺은 '텐진조약'에 따라 일본군도 들어왔다.

나라를 바로 잡으려다가 외국군대를 끌어들였다는 것을 깨달은 동학농민군은 정부와 '전주화약'을 맺고 해산했다. 집강소를 설치해 농민이 나랏일에 직접 참여했다.

하지만 청일전쟁에서 승리한 일본이 조선에 대한 내정간섭을 강화하자, 일본군을 몰아내기 위해 다시 들고 일어났다. 공주 우금치에서 관군과 일본군에게 크게 패한 농민군은 해산했고, 다시 일어날 기회를 잡기 위해서 서울로 가던 전봉준이 순창에 있는 김경천 집에서 체포되어 처형당하자, 동학농민운동은 막을 내리고 말았다.

31. 대한제국 성립

고종과 명성황후는 강대국과 중립외교를 통해서 일본을 막아내려고 했다. 청일전쟁에서 이긴 일본이 요동반도와 대만을 차지하자, 러시아, 프랑스, 독일이 일본에 압력을 넣어서 요동반도를 청나라에 되돌려주게 했다. 이를 '삼국간섭'이라고 한다. 러시아가 일본보다 강한 나라임을 안 명성황후가 러시아와 손을 잡자, 1895년에 일본이 건청궁으로 쳐들어가서 명성황후를 시해하는

'을미사변'을 일으켰다.

　조선정부를 다시 장악한 일본은 단발령을 내렸다. 명성황후 시해와 단발령에 반발해 전국에서 의병이 일어났으나, 연호를 '건양'으로 바꾸고 태양력을 사용했다. 또 종두법을 시행하고 우편업무를 다시 시작했다.

　1896년 2월에 고종황제가 러시아 공사관으로 피신하는 아관파천을 단행하고, 친일 내각을 해산했다. 친러 내각을 구성하고 단발령도 거두었다.

　1년 만에 경운궁(덕수궁)으로 돌아온 고종은 원구단과 황궁우를 세우고, 국호를 '대한제국', 연호를 '광무'로 하는 자주 독립국가를 선포했다. 임금을 '황제'라고 불렀다.

32.애국계몽운동

　일본과 서양 제국주의로부터 나라를 지키려는 애국계몽운동도 활발하게 일어났다. 독립협회는 민주주의를 이루자는 '자유 민권', 자본주의를 세우자는 '자강 개혁', 민족주의를 밀고나가자는 '자주 국권'을 내뒀다. 독립신문도 발행했다.

　'만민공동회'는 1898년 3월에 처음으로 백성이 집회를 열고 이권을 침탈하는 외세를 몰아내자고 외쳤다. 이 운동으로 러시아가 절영도를 조차하려는 것을 막았고, 한러은행과 일본이 만든 월미도 석탄창고도 문을 닫게 했다. 또 독립협회를 억누르는 정부에 맞서서 상점문을 닫는 철시투쟁과 집회를 벌였다.

　독립협회가 해체되자 보안회가 만들어졌고, 황무지를 개척하라는 일본 주장에 맞서 반대운동을 벌였다. 1905년에는 헌정연구회가 입헌의회를 중심으로 정치를 개혁하자고 주장했고, 1906년에는 대한자강회는 고종황제를 강제로 퇴위시키려는 것에 반대하는 운동을 펼쳤다. 1907년에 만들어진 신민회는 안창호, 이승훈, 양기탁을 중심으로 한 비밀결사단체였다. 자주독립 일꾼을 키우기 위해 세운 학교가 100여개나 되었는데, 정주 오산학교나 평양 대성학교는 시설이 완전하게 갖추어진 중학교였다. 또 태극서관 같은 회사를 만들어 민족 산업을 일으키려 했고, 국민을 계몽하기 위해서 대한매일신보를 만들었다. 일제 탄압으로 신민회는 무너졌지만, 미국으로 건너간 안창호는 샌프란시스코에서 유학생을 모아 민족운동단체인 흥사단을 만들었다. 이회영과 형제는 대대로 이어오던 많은 재산을 모두 팔아 만주로 망명해서 독립군 간부 양성학교인 신흥무관학교를 세웠다.

　신채호와 박은식은 《조선사연구초》, 《한국통사》, 《한국독립운동지혈사》 같은 역사책을 쓰고, 주시경은 한글을 연구해서 《국어문법》을 펴냈다.

　1907년에는 일본에 진 나라 빚을 갚기 위해 대구에서 서상돈, 양기탁 등에 의해서 국채보상운동이 일어났다.

33.일제에 맞선 독립, 문화운동

역사를 짚고 가요

　　1910년에 우리나라를 강제로 병합한 일제가 토지조사사업을 한다면서 농민으로부터 땅을 빼앗았다. 그리고 헌병경찰제로 강압통치를 하자 점점 불만이 높아졌다.

　　1919년 1월 21일에 고종황제가 승하했다. 3월 3일에 열리는 고종황제 장례식을 보려고 많은 사람이 서울에 온 3월 1일에 태극기를 든 사람이 대한독립만세를 외치며 쏟아져 나왔다.

　　일본은 총칼로 진압에 나섰고, 수많은 사람이 거리에서 죽임을 당했다. 4월 15일에는 경기도 화성에 있는 제암리 교회에 마을 주민 30여명을 가두고 총으로 학살한 다음, 불을 질렀다. 유관순은 천안에 있는 아우내 장터에서 만세를 외치다 체포되어 서대문 형무소에서 순국했다.

　　3.1만세운동은 성공하지 못했지만, 계몽과 민족해방운동으로 이어졌다. 순종 황제가 승하하자 인산일인 1926년 6월 10일에 대규모 시위를 벌였다.

　　1929년 10월 30일에 나주역에서 일본과 우리나라 학생이 충돌했는데, 일본 경찰이 우리나라 학생만 탄압하자, 광주에서 들고 일어난 '광주학생의거'가 벌어졌다.

　　학교와 야학을 만드는 사람도 많아지고 강연회나 토론회를 여는 청년단체도 많아졌다. 1921년에 '천도교소년회'를 만든 방정환은 1922년에 5월 1일을 어린이날로 선포했다. 또 순수 아동잡지인 '어린이'를 만들어 어린이운동을 펼쳤다.

　　1922년에 물산장려회를 세운 조만식은 '내 살림 내 것으로', '우리는 우리 것으로 살자'라며 일본 상품을 밀어내고 국산품을 쓰는 운동을 펼쳤다.

　　또 1923년에는 암태도에서 일제 수탈로 어려워진 농민이 소작료 인하와 소작권 보장을 내세워 승리한 암태도 소작쟁의가 일어났다.

　　1929년 1월에 원산에서는 노동자가 모두 들고 일어난 '원산총파업'이 벌어졌다. 4월까지 이어진 파업에는 2천여 명이나 되는 노동자가 참여했다.

　　시인도 일제에 맞섰다. 만해 한용운은 동학농민운동으로 아버지와 형을 잃었으나, 의롭게 살라는 아버지 유언을 따라 전국에 강연을 다니며 독립의지를 드높이려 했다. 민족 대표 33인으로 3.1만세운동에 참여해 체포되었으나, 재판을 받으면서도 일본사람인 법관에게 호통을 치며 뜻을 꺾지 않았다. 평생을 독립운동에 앞장섰고, '님의 침묵'과 '복종' 같은 시로 독립정신을 심어주려고 했다.

　　이육사는 의열단에 들어가 무장투쟁을 했고, 열일곱 번이나 옥살이를 했다. 모진 고문을 당했지만, 독립의지를 꺾지 않았다. '광야'라는 시에서는 '다시 천년 뒤에 백마 타고 오는 초인이 있어 목 놓아 부르게 하리라.'라고 드높은 뜻을 표현했다.

　　윤동주는 만주 땅인 명동소학교를 다니면서 민족의식을 키웠고, 평양에 있는 숭실중학교에서 일본 왕을 받드는 신사참배를 거부해 쫓겨나기도 했다. 나라 잃은 슬픔과 독립운동을 하지 못하는 부끄러운 마음을 '서시', '별헤는 밤', '참회록' 같은 시로 표현했다. 일본에 유학을 간 윤동주는 독립운동을 하려다가 일본 경찰에 붙잡혔고, 후쿠오카 형무소에서 날마다 사람을 상대로 실험하는 주사를 맞다가 숨을 거두었다.